LIVRE DES ÉLÈVES, DES PRATICIENS
ET DES GENS DU MONDE.

LA CLEF

DE TOUTES LES

TENUES DE LIVRES

SEUL MOYEN D'ÉTUDE

SANS MAITRE,

Traité complet, méthodique et raisonné de Comptabilité commerciale, Partie double et Partie simple, disposé de manière à donner l'intelligence des principes qui servent de base à toutes les méthodes possibles; et à présenter la solution raisonnée de toutes les difficultés relatives aux écritures usitées dans le Commerce;

Ouvrage contenant de nombreux aperçus nouveaux, et complété par un Traité raisonné des COMPTES COURANTS D'INTÉRÊTS, *marche progressive et marche rétrograde*, un GUIDE PRATIQUE DU TENEUR DE LIVRES, et un QUESTIONNAIRE ou Table analytique qui résume tout l'Ouvrage;

ET ACCOMPAGNÉ

DE DIVERS TABLEAUX présentant en action le modèle d'une Comptabilité complète avec tous les registres usités et les écritures d'un mois, passées à tous les registres, avec Inventaire, Balance, Solde de compte, etc.;

Par M. BERTRAND,

PROFESSEUR ET AUTEUR DE DIVERS OUVRAGES ET PERFECTIONNEMENTS RELATIFS A LA COMPTABILITÉ.

Troisième Édition.

OUVRAGE APPROUVÉ PAR LE CONSEIL SUPÉRIEUR
DE L'INSTRUCTION PUBLIQUE,
ET AUTORISÉ
POUR TOUTES LES ÉCOLES PRIMAIRES SUPÉRIEURES ET POUR ÊTRE DÉPOSÉ DANS LES BIBLIOTHÈQUES DES ÉCOLES NORMALES.

Raison et Progrès.

PRIX : 3 FRANCS.

PARIS

CHEZ Mme Ve MAIRE-NYON, LIBRAIRE-ÉDITEUR,
Quai de Conti, 13.

1853

LA CLEF

DE TOUTES LES

TENUES DE LIVRES

SEUL MOYEN D'ÉTUDE

SANS MAITRE,

Traité complet, méthodique et raisonné de Comptabilité commerciale, Partie double
et Partie simple, disposé de manière à donner l'intelligence des principes qui servent
de base à toutes les méthodes possibles ; et à présenter la solution raisonnée
de toutes les difficultés relatives aux écritures usitées dans le Commerce ;
Ouvrage contenant de nombreux aperçus nouveaux, et complété par un Traité raisonné
des **COMPTES COURANTS D'INTÉRÊTS**, *marche progressive et marche rétrograde,*
un GUIDE PRATIQUE DU TENEUR DE LIVRES,
et un QUESTIONNAIRE ou Table analytique qui résume tout l'Ouvrage ;

ET ACCOMPAGNÉ

DE DIVERS TABLEAUX présentant en action le modèle d'une Comptabilité complète
avec tous les registres usités et les écritures d'un mois, passées à tous les registres,
avec Balance, Inventaire, Solde de compte, etc.;

Par M. BERTRAND,

PROFESSEUR ET AUTEUR DE DIVERS OUVRAGES ET PERFECTIONNEMENTS RELATIFS
A LA COMPTABILITÉ.

Troisième Édition.

OUVRAGE APPROUVÉ PAR LE CONSEIL SUPÉRIEUR

DE L'INSTRUCTION PUBLIQUE,

ET AUTORISÉ

POUR TOUTES LES ÉCOLES PRIMAIRES SUPÉRIEURES ET POUR ÊTRE DÉPOSÉ
DANS LES BIBLIOTHÈQUES DES ÉCOLES NORMALES.

Raison et Progrès.

PRIX : 3 FRANCS.

PARIS

CHEZ Mme Ve MAIRE-NYON, LIBRAIRE-ÉDITEUR,
Quai de Conti, 13.

1853

et le plus intéressant des Professeurs et même des Praticiens.

Les gens du monde, même les plus étrangers aux affaires commerciales, y trouveront une foule de renseignements précieux, qui serviront à les guider dans leurs relations avec les commerçants pour le placement de leurs capitaux; ils y prendront l'idée d'une bonne méthode pour la tenue de leur comptabilité particulière, la gestion de leurs propriétés, etc., et voudront avoir cet ouvrage dans leurs bibliothèques, reconnaissant avec surprise combien l'auteur a su rendre intéressants les sujets les plus arides, et avec quel rare bonheur il a réussi à mettre à la portée de tous, les questions les plus abstraites, qui jusqu'ici avaient semblé devoir rester le partage exclusif d'hommes spéciaux ou déjà versés dans une étude longue et approfondie.

LA CLEF

DE TOUTES LES

TENUES DE LIVRES.

NOTIONS PRÉLIMINAIRES

Du Commerce en général et des diverses Opérations qu'il comporte.

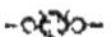

SOMMAIRE.

Théorie et définition raisonnée de l'emploi des mots : Commerce.—Valeur.—Valeur en nature. —Valeur en espèce. — Achat et Vente,— au comptant et à terme.—Dette et Créance.—Billet simple, Effet, Remise, Mandat, Traite, Négociation et Négociant. — Lettre de Change. — Cours du Change.— Change au Pair, au-dessus et au-dessous du Pair.—Banque et Banquier. — Banques de France, d'Angleterre, etc. — Bourse de Commerce. — Agents de Change et Courtiers.—Jeu de Bourse et agiotage, etc.— Actions, assurances, etc.— Nécessité et motif des Écritures commerciales.—Origine des Systèmes *dits* à Partie simple, à Partie double, etc. ,etc.

---

1. L'*échange* que font entre elles deux ou plusieurs personnes de deux objets dont elles se cèdent mutuellement la propriété, constitue ce que l'on appelle une OPÉRATION de COMMERCE ; d'où l'on a donné le nom de COMMERÇANT à celui qui *pratique* ces sortes d'échanges dans l'intention d'en retirer pour lui un avantage que l'on nomme *profit* ou *bénéfice*.

2. Pour qu'un objet puisse servir à l'échange commercial, il faut nécessairement qu'il ait une utilité quelconque et par

suite un prix ou une *valeur;* de là vient l'usage de désigner ordinairement sous le nom de VALEURS toute espèce d'objets propres à être mis en commerce.

3. Quand une *valeur* ou objet de commerce a naturellement et d'elle-même une utilité et un prix, on la dit *valeur* en NATURE. Les valeurs *en nature* sont le plus ordinairement désignées dans le commerce sous le nom de MARCHANDISES, d'où est venu celui de MARCHANDS pour les personnes qui en *pratiquent* l'échange.

4. Il est probable que dans les premiers temps, avant que l'on eût inventé la monnaie comme valeur *représentative* du prix des objets, il ne se pratiquait que des échanges d'objets *en nature* contre d'autres objets *en nature.*

5. Cette opération spécialement nommée *Échange,* est encore presque la seule en usage chez les Arabes et chez toutes les peuplades sauvages de l'Afrique et de l'Amérique.

6. Mais depuis l'invention de la monnaie, qui régularisa le commerce et prépara l'immense développement qu'il a pris aujourd'hui chez tous les peuples civilisés, l'échange commercial se pratique le plus souvent d'un objet en nature ou *marchandise* contre un représentatif équivalent en *monnaie,* laquelle est aussi appelée *valeur* EN ESPÈCE. Cette opération, considérée sous le rapport de celui par qui est livré l'objet *en nature* ou marchandise, a été nommée VENTE ; et le commerçant prend dans ce cas le nom de *vendeur;* mais elle prend le nom d'ACHAT par rapport à celui qui reçoit la *marchandise,* lequel est dans ce cas appelé *acheteur.*

7. Si l'opération d'échange a lieu de manière à ce que l'*acheteur* remette ou doive remettre immédiatement au vendeur l'*équivalent* ou prix de sa marchandise, elle est dite *achat* ou *vente* AU COMPTANT. Mais si l'*acheteur,* en prenant livraison de

la *marchandise*, retarde et diffère le paiement du prix ou équivalent, l'opération est dite A TERME.

8. Dans ce cas, le *vendeur*, quoique son paiement soit différé et qu'il ait abandonné la propriété de l'objet *vendu* (1), conserve certainement et légalement sur l'*acheteur* un *droit* au prix *équivalent* convenu. Ce droit aussi appelé *créance*, l'établit CRÉANCIER de l'acheteur, lequel se trouve de son côté sujet à l'égard du *vendeur* à une obligation appelée *dette*, d'où il est dit, par rapport à ce dernier, son DÉBITEUR.

9. Il est assez ordinaire, dans le commerce surtout, que pour constater son droit sur son *débiteur*, le *créancier* exige que celui-ci reconnaisse sa dette *par écrit*. Cette reconnaissance aussi appelée *Billet*, peut devenir pour lui une valeur de commerce qu'il peut donner et transmettre à d'autres; mais il faut pour cela 1° que le débiteur y ait consenti *expressément* en faisant entrer dans le contenu du billet ces mots : *ou ordre*, par lesquels il autorise son créancier à transmettre son droit à autrui; 2° que l'époque ou échéance du paiement y soit arrêtée et déterminée (2).

10. Ainsi établie dans ces conditions, cette obligation forme pour son possesseur une véritable valeur de commerce transmissible légalement, laquelle est représentée sous le nom d'*Effet* ou *valeur* REMISE (3).

11. Le plus souvent (et cet usage a prévalu dans les habitudes du commerce depuis ces derniers temps), quand le débiteur n'habite pas la même ville que son créancier, au lieu d'exiger de celui-ci, en reconnaissance de sa dette, son propre billet dont il lui faudrait payer le port, le créancier forme lui-

(1) Art. 1583 du Code civil.
(2) Art. 188 du Code de commerce.
(3) — 187 — (en voir les modèles à la fin de l'ouvrage.)
(Mod. nᵒˢ 1, 2 et 3, page 109.)

même, en vertu de son droit, sur ce débiteur, SON ORDRE ou MANDAT pour lui de payer, sur sa réquisition ou sur celle de qui il lui plaira, le montant d'une somme qui y est déterminée.

12. Ce *mandat*, aussi appelé TRAITE, devient pour celui qui le crée (lequel prend dans ce cas le nom de *tireur*), un véritable *effet* de commerce qu'il peut transmettre à autrui ; mais il ne peut former pour le débiteur ou *tiré* une obligation aussi étroite que serait son propre billet, qu'autant que celui-ci en a reconnu lui-même la validité en y apposant au bas sa propre signature, avec ces mots : *accepté pour tant*, ou simplement *accepté* (1).

13. Faute de cette *acceptation*, les frais de poursuite qui pourraient être faits contre le *débiteur* en cas de non-paiement à l'échéance, seraient à la charge du *créancier*, sauf recours contre son débiteur.

14. Il arrive souvent qu'un commerçant, possesseur de titres en papiers, soit *effets*, soit *remises*, *mandats* ou *traites*, et ne voulant pas attendre l'*échéancee* ou époque fixée pour leur remboursement, ait cependant besoin de valeurs en espèce, qu'il désire obtenir par l'échange de ses *effets*. Il faut pour cela qu'il trouve un autre commerçant qui, possesseur de son côté de valeurs en *espèce* ou monnaie, et n'en ayant pas un besoin immédiat, *veuille bien* accepter en échange les papiers ou effets qui sont en la possession du premier. Une fois qu'il l'a trouvé, comme *ordinairement* le papier, par la raison qu'il ne peut être employé immédiatement, a réellement moins de valeur que la monnaie qu'il représente, il faut encore qu'il s'entende avec lui sur l'avantage ou *intérêt* que celui-ci exige pour consentir à lui céder ses espèces en échange d'un papier dont il sera obligé d'attendre l'échéance ou époque de rem-

____

(1) Code du commerce, art. 142.

boursement, et pour s'indemniser de ce retard; c'est ce débat d'intérêts, et les pourparlers qu'il peut nécessiter, qui a fait donner à cette opération (l'échange de valeurs en *papier* contre des *espèces*) le nom de NÉGOCIATION ou *affaire* importante, d'où est venu le nom de NÉGOCIANTS pour ceux qui pratiquent ce genre d'opération.

15. Mais cette dénomination s'étant plus tard étendue à tous les forts commerçants, parce que presque tous opérant sur des valeurs considérables, étaient souvent obligés de recevoir en paiement beaucoup d'*effets* qu'il leur fallait ensuite *négocier* pour en retirer des valeurs en espèce, il a fallu trouver un autre nom pour ceux qui s'occupent spécialement et exclusivement du commerce ou échange des effets ou valeurs en papier. Ce nom a été pris du *banc* ou comptoir (en italien *banco*) sur lequel anciennement les *changeurs* tenaient étalées les espèces d'or ou d'argent qui servaient à leur commerce; duquel nom on a fait *banque* en français, et ensuite BANQUIERS, c'est-à-dire *teneurs de banque*.

16. Quelquefois, le commerçant ou autre personne qui remet des *effets* à un *banquier* pour en recevoir le montant, a l'intention d'emporter ou de faire passer cette somme dans une autre ville; dans ce cas, au lieu de la lui remettre immédiatement en espèces (ce qui l'obligerait à des frais de transport toujours assez coûteux sans parler des autres risques que son argent aurait à courir), le banquier donne à son client un *bon* ou TRAITE sur un autre banquier, son correspondant dans la ville où celui-ci désire se rendre ; sur la présentation duquel ce dernier lui comptera immédiatement le montant des espèces qu'il devait recevoir chez le premier banquier, mais dont le client aura ainsi évité les frais de transport. De son côté, le second banquier remettra plus tard un pareil *bon* sur le premier à un de ses propres clients dont l'intention sera également de faire passer ses valeurs dans la ville qu'habite

celui-ci, et tous deux se trouveront remboursés sans aucun déplacement de *fonds et espèces.* C'est cette opération de déplacement de valeurs, que l'on a désignée sous le nom de CHANGE, et l'on a nommé LETTRE DE CHANGE, le genre de *traite* où *bon* par lequel un banquier autorise un client à recevoir chez un autre banquier, dans une autre ville, une somme en son propre nom (1),

17. On comprend bien que, dans ce cas, le banquier se réserve et retient pour lui un *intérêt* ou profit ; cet intérêt varie suivant le plus ou moins d'éloignement de la ville ou *place* où le client veut faire passer ses valeurs, et aussi suivant que les *lettres de change* ou *papiers* sur cette même *place*, y sont plus ou moins recherchées en raison de la plus ou moins grande affluence de clients qui y ont des affaires. Toutes circonstances d'après lesquelles s'établit pour ces *papiers* un *prix courant* appelé COURS, lequel peut être ou *égal* à la somme désignée dans la lettre de change, en sorte que pour se la procurer il faille remettre au banquier une somme *égale* à celle qui y est désignée; c'est ce qu'on appelle change AU PAIR ; ou *moindre* que la somme qui y est dénommée, et cela en raison de l'abondance du papier sur cette *place*; dans ce cas le CHANGE est dit AU-DESSOUS DU PAIR ; de même qu'on l'appellerait change AU-DESSUS DU PAIR, si pour se le procurer il fallait donner une somme *plus forte* que celle que la lettre de change donne droit à recevoir.

18. Ce commerce des effets ou *change*, forme, sous le nom d'*agiotage* (*commerce d'argent*), l'industrie la plus importante de notre époque; mais comme il faut beaucoup de *fonds* pour l'exercer sur une grande échelle, il s'est formé dans ces derniers temps, sous le nom de BANQUES, des réunions et asso-

(1) Art. 110 et 116 du Code de commerce. (Modèle à la fin de cet ouvrage. Mod. n° 3, page 109.)

ciations des plus forts banquiers et négociants ; telle est l'origine des *banques de France, d'Angleterre*, etc., etc.

19. Pour faciliter les relations commerciales des banquiers et des commerçants, il a été établi sous le nom de BOURSES dans les principales villes, des lieux publics de *réunion* où les uns et les autres pussent se rencontrer. Le luxe et la magnificence qui se font remarquer dans quelques-uns de ces édifices témoignent assez de l'importance de cette industrie pour les peuples civilisés.

20. Là des *agents intermédiaires* reconnus et autorisés par la loi, les uns sous le nom d'AGENTS DE CHANGE, pour les négociations d'effets ou espèces métalliques, les autres sous celui de COURTIERS pour ce qui a rapport principalement aux marchandises, ont pour mission de déterminer le *cours* des valeurs résultant des transactions et *négociations* qui s'opèrent à la Bourse, afin de pouvoir renseigner à ce sujet les commerçants que leurs affaires empêchent de se trouver à ces réunions, mais sans pouvoir en aucun cas eux-mêmes opérer pour leur propre compte (Code de commerce, art. 71 à 90). Là se traitent en conséquence presque toutes les affaires un peu importantes du commerce. Là aussi se joue ce jeu hasardeux connu sous le nom de JEU DE BOURSE, où spéculant d'une manière plus ou moins heureuse sur l'influence des événements, tant nationaux qu'étrangers, pour la *hausse* et la *baisse* des *fonds* ou effets *publics*, des particuliers élèvent en quelques instants l'édifice de fortunes presque princières, tandis que d'autres voient disparaître, avec la même rapidité, jusqu'au dernier écu du plus riche patrimoine.

21. Au nombre des *effets* de commerce ou valeurs en papier, il faut aussi comprendre les *titres* ou billets remis aux personnes qui versent des fonds pour une industrie ou entreprise considérable, comme *l'établissement d'un pont, d'un che-*

min de fer, d'un service à vapeur, d'une compagnie d'*Assurance,* l'armement d'un navire, etc., etc. Ces titres, nommés Actions, lesquels se divisent aussi en *parties* ou Coupons d'Action (d'où l'on a nommé *actionnaires* ceux qui en sont possesseurs), sont une véritable valeur, dont la propriété peut se vendre ou se céder à qui l'on désire, absolument comme tout autre effet de commerce, et pour lesquels il s'établit de même à la *Bourse,* un cours de *hausse* et de *baisse,* également déterminé par les *agents de change* et *courtiers,* ainsi que nous l'avons dit ci-dessus.

22. De ce que nous venons de dire relativement aux *effets* de commerce ou valeurs en papiers, on peut conclure qu'ils sont pour les commerçants une véritable monnaie; mais il y a une différence essentielle de leur valeur avec celle des espèces ou monnaie; c'est 1° que le papier n'étant qu'une valeur de convention et seulement comme représentatif d'un droit et non d'un prix réel, son emploi ne peut durer que jusqu'à l'expiration de ce droit, c'est-à-dire, jusqu'à l'époque ou *échéance* fixée pour le remboursement, du moins pour le tiers qui en est possesseur ; 2° que le payement fait à l'aide de cet *effet* n'est pas considéré comme définitif avant l'époque de l'échéance ; et qu'en cas de non remboursement par le signataire du billet, celui à qui il a été cédé peut toujours, en remplissant certaine formalité (appelée protêt), le rendre ou *retourner* au commerçant de qui il l'a reçu, lequel doit lui en compter immédiatement le montant, plus les frais ; 3° enfin, que le possesseur d'un effet ne peut forcer qui que ce soit de l'accepter, même en payement ou règlement d'affaire, à moins qu'il ne donne une caution légitime et solvable.

Nécessité des Écritures de Commerce.

Motifs et origine des Systèmes dits à Partie simple et d'Partie double.

23. Le but des différentes opérations et échanges que nous venons d'indiquer est d'en faire résulter pour le commerçant

une augmentation des valeurs qui sont sa propriété, et qui forme ce que l'on appelé son *Capital*. Il est clair que cette augmentation ne peut être reconnue comme augmentation que par la comparaison des valeurs actuellement en sa possession, avec celles qu'il possédait quand il a commencé son commerce. D'où résulte la nécessité pour le commerçant qui commence les affaires, de dresser son *état* de situation ou INVENTAIRE de ce qu'il possède, ce que l'on a autrement nommé son *actif;* de même que de ce qu'il doit, ce que l'on a désigné sous le nom de *passif.*

Cet *inventaire* est facile sous le rapport des valeurs réelles tant en *nature* qu'en *espèce* ou en *papiers*, vu qu'il suffit d'en reconnaître l'existence actuelle entre les mains du commerçant; mais il n'en est pas de même pour ce qui concerne l'état de ses *débiteurs*, c'est-à-dire de ce qu'il possède chez ses clients, en vertu de son droit sur eux ; de même que pour ce qui concerne ses *créanciers*, c'est-à-dire le droit des clients ou commettants sur lui, ou en d'autres termes, ce qu'il possède appartenant à d'autres.

Comme cet état ne peut se constater par aucun objet, attendu que; dans le cas de *dette* ou *créance simple* que nous supposons, il ne constitue pour lui qu'un droit sur l'équivalent auprès du client, et non sur l'objet lui-même, il est essentiel que le commerçant connaisse et puisse constater les diverses relations qu'il a eues avec ses clients desquelles serait résulté, soit son droit ou *créance* sur eux, soit leur droit ou créance sur lui; et comme sa mémoire est évidemment insuffisante pour en retenir tous les détails, il en résulte la nécessité d'en prendre note et d'en rappeler le souvenir d'une manière quelconque. Divers moyens ont été employés à cet effet dans l'origine du commerce, et sont encore en usage chez les personnes étrangères à l'art de l'écriture, depuis la *croix faite à la muraille*, *l'épingle piquée à la manche* jusqu'aux baguettes ou bâtons fendus, vulgairement nommés *tailles*, dont se servent encore la plupart de nos boulangers, bouchers, etc.

Telles furent indubitablement les premières *Écritures* des commerçants. Ce ne fut que bien plus tard, et par suite de l'extension des relations commerciales, que des gens lettrés commencèrent à se servir, pour y inscrire les renseignements relatifs à leurs affaires, des tablettes de cire alors en usage pour recevoir l'écriture. Bientôt la nécessité de conserver les renseignements relatifs à ces comptes, afin de les éclairer les uns par les autres, engagea à joindre et lier ensemble plusieurs tablettes, et telle fut l'origine des premiers livres ou registres de commerce. Mais plus tard les relations de commerce se multipliant de plus en plus, les grandes maisons ne se contentèrent plus de ces seules notes relatives à leurs débiteurs et à leurs créanciers et propres à leur en faciliter l'inventaire ; elles voulurent aussi connaître l'entrée et la sortie des diverses valeurs en *espèces*, *marchandises* ou *effets*, afin qu'au moment de l'inventaire, on pût s'assurer si ce qui restait de ces valeurs était réellement ce qui en devait rester ; ce qui amena l'emploi du système des écritures dites à *partie double*, par suite du double emploi pour chaque opération de la même somme répétée deux fois, une fois comme *entrant* à tel compte, une fois comme *sortant* de tel autre. Et comme l'ancien système qui consistait à ne s'occuper que des débiteurs continua à être en usage dans la plupart des maisons moins importantes, on lui donna le nom de *partie simple* pour le distinguer du nouveau.

Devant développer d'une manière complète, dans le courant de cet ouvrage, tout ce qui a rapport à l'emploi de ces deux systèmes (*la partie double et la partie simple*), nous nous contenterons de cet exposé, et nous allons passer à ce qui concerne les Écritures et les Livres nécessaires dans l'usage du commerce.

PREMIÈRE PARTIE.

DES LIVRES NÉCESSAIRES A TOUT COMMERÇANT,

1° D'APRÈS LA LOI;

2° D'APRÈS CE QU'EXIGENT SES PROPRES INTÉRÊTS, ETC.

SOMMAIRE.

Journal. — Brouillard. — Grand-Livre. — Classement ou Comptes à y établir. — Pour la Partie simple, — Pour la Partie double. — Comptes généraux : Marchandises. — Caisse. — Effets à recevoir. — Effets à payer. — Comptes particuliers de clients ou commettants, etc. — Marchandises particulières, etc. — Comptes de Capital. — De Profits et pertes. — Théorie, Définitions, Principes raisonnés, etc., emploi des mots Doit, Avoir, et origine des formules, Tel à Tel, Tel à divers, divers à Tel, divers à divers, etc., etc. — Des mots Débit, Crédit, etc. — Définitions et Principes, etc.

24. Trois raisons principales imposent à tout commerçant l'obligation de tenir et conserver en règle les divers renseignements nécessaires à la bonne direction de ses affaires : *la loi, son propre intérêt* et le soin de *sa réputation.*

1° *La loi.* — Il suffira d'en rapporter le texte pour faire connaître combien, sur ce sujet, ses prescriptions sont formelles et obligatoires, et à quoi s'exposent ceux qui négligent de s'y conformer :

Dispositions de la Loi sur les Livres du Commerce.

CODE, art. 8. Tout commerçant est tenu d'avoir un *Livre Journal* qui *présente, jour par jour, ses dettes actives et passives*, les opérations de son commerce, ses négociations, acceptations ou endossements d'effets, et généralement *tout ce qu'il reçoit et paie à quelque titre que ce soit*, et qui énonce, mois par mois, les sommes employées à la dépense de sa maison; le tout indépendamment des autres livres usités dans le commerce, *mais qui ne sont pas indispensables* (1). — Il est tenu de mettre en liasse les lettres missives qu'il reçoit, et de copier sur un registre celles qu'il envoie.

Art. 9. Il est tenu de faire, tous les ans, sous-seing privé, un *inventaire* de ses effets mobiliers et immobiliers, et de ses dettes actives et passives, et de le copier année par année sur un registre spécial à ce destiné (2).

Art. 10. Le livre *Journal* et le livre des *Inventaires* seront paraphés et visés une fois par année. Le livre de *Copies de Lettres* ne sera pas soumis à cette formalité. Tous seront tenus par ordre de date, *sans blancs, lacunes ni transports en marge*.

Art. 11. Les livres dont la tenue est ordonnée par les articles 8 et 9 ci-dessus, seront *cotés, paraphés et visés*, soit par un des juges des tribunaux de commerce, soit par le maire ou adjoint, dans la forme ordinaire et *sans frais*; les commerçants seront tenus de conserver ces livres pendant dix ans.

Art. 12. Les livres de commerce *régulièrement tenus* peuvent être admis par le juge pour faire preuve entre commerçants pour faits de commerce.

(1) *Ainsi le journal étant le seul reconnu par la loi, il doit être le plus complet en renseignements, et nous devons y porter toute notre attention. Notre récapitulation par jour ou par semaine vient lui donner encore une bien plus grande autorité.* (*Voir notre* ALBUM DU COMPTOIR.)

(2) *Dans notre système, ce précepte de la loi est rempli sans travail toutes les semaines pour donner au négociant seul la connaissance de sa situation.* (ALBUM DU COMPTOIR.)

Art. 15. Les livres que les individus faisant le commerce, sont obligés de tenir et pour lesquels ils n'auront pas observé les formalités ci-dessus prescrites, ne pourront être représentés ni faire foi en justice au profit de ceux qui les auront tenus, *sans préjudice de ce qui sera réglé au titre des faillites et banqueroute.* (Articles 587 et 593.)

Art. 17. Si la partie aux livres de laquelle on offre d'ajouter foi, refuse de les représenter, le juge peut déférer le serment à l'autre partie.

Dispositions pénales.

Art. 587. Pourra être poursuivi comme *banqueroutier simple*, et être déclaré tel, le failli qui présenterait des livres *irrégulièrement tenus*, sans que néanmoins les irrégularités indiquent la fraude. (Peine, art. 592, emprisonnement d'un mois à deux ans.)

Art. 593. Sera déclaré *banqueroutier frauduleux*, tout commerçant failli, s'il a *caché ses livres.*

Art. 594. Pourra être poursuivi comme *banqueroutier frauduleux* et être déclaré tel, le failli qui n'aurait pas *tenu des livres*, ou dont les livres ne présenteront pas sa véritable situation active et passive.

(Peines. Art. 402. C. P. travaux forcés à temps (pour les agents de change et courtiers).

Art. 404. *Id.* Faillite simple, *Travaux forcés à temps.*)
        Banqueroute frauduleuse, travaux forcés à perpétuité.)

Ainsi, aux termes mêmes de la loi, un seul livre (1) pourrait, à la rigueur, suffire à un chef de commerce pour satisfaire à ce qu'elle lui commande relativement à ses écritures; toutes se bornant à exiger de lui de simples notes de toutes ses diverses opérations de *chaque jour, achats, ventes, négociations, paiements, recettes,* etc. — Ce livre, c'est le livre appelé JOURNAL. Il suffit que les opérations y soient représentées *jour par jour*, dans l'ordre où elles ont été faites, avec tous les détails et renseignements nécessaires et propres à constater sa bonne foi, et à mettre sa réputation à l'abri, dans

(1) Indépendamment toutefois des *Livres des Inventaires* et de *Copies de Lettres*, qui ne sont qu'improprement appelés Livres.

le cas malheureux où il aurait à justifier sa gestion person-
nelle par devers ses créanciers, ou serait obligé de poursuivre
judiciairement quelqu'un de ses propres débiteurs.

25. Cependant, comme la loi exige que toutes les écritures
passées au journal soient propres et nettes, et qu'elle proscrit
expressément, ainsi que nous l'avons vu, toute rature, transposition, intercalation et surcharge quelconques, la plupart
des commerçants, avant d'inscrire leurs opérations sur ce
livre, sont dans l'usage d'en faire une espèce de brouillon ou
BROUILLARD, vulgairement appelé *Main Courante*, parce que
les écritures s'y font *au courant de la plume* et à la hâte, sans
autre soin que celles des notes et des chiffres, exactitude
d'autant plus indispensable, que c'est sur ce livre que se
prennent les renseignements dont se doit composer le *Journal,*
lequel n'est, pour beaucoup de commerçants, qu'un simple
relevé au net du Brouillard, relevé suffisant, du reste, pour
satisfaire à la loi, par qui il n'est prescrit, pour le Journal,
aucun mode de rédaction particulière.

2° *Les intérêts du Commerçant.*

26. Mais, quoique la loi n'exige pas explicitement d'autre
livre que le *Journal,* lequel suffit pour prouver à ses yeux la
probité et la bonne foi d'un commerçant, ce livre, quelque
régulièrement tenu qu'on le suppose, est loin de donner tous
les renseignements dont la connaissance importe *aux intérêts*
d'un chef de commerce. En effet, ce qu'il importe le plus à
un commerçant de connaître sous le rapport de ses intérêts,
est moins l'ordre et la suite de ses opérations, que le fruit et
le *résultat* qui en découle, résultat d'où naît la *situation* bonne
ou mauvaise de ses affaires ; or, pour peu que l'on réfléchisse
à la manière dont il peut obtenir cette connaissance, on n'aura
pas de peine à comprendre que le Journal est insuffisant à la
lui donner avec exactitude (1).

(1) Ce problème : *donner toute la situation du commerce sur le
Journal,* dont la solution me paraissait si difficile, pour ne pas dire impossible, je l'ai moi-même résolu de la manière la plus heureuse et la

27. D'où provient, en effet, la situation favorable d'un commerçant? Evidemment de l'augmentation de ce que possédait le commerçant, ce que nous avons nommé son *Actif;* laquelle augmentation ne peut provenir que de ce que, dans les divers échanges qui constituent toutes ses opérations, il a plus reçu qu'il n'a donné, d'où est résulté pour lui un *bénéfice* ou situation à son avantage; si, au contraire, il y avait en résultat, diminution de ce même *Actif* parce que, dans ces mêmes échanges, le commerçant se trouverait avoir plus donné qu'il n'aurait reçu, cela constituerait pour lui une *perte* ou situation à son désavantage. Mais, pour pouvoir établir cette comparaison de ce qu'il a donné avec ce qu'il a reçu, il est nécessaire qu'il ait, d'un côté, le montant total de toutes les valeurs *entrées,* et d'un autre, celui de toutes les valeurs *sorties,* montant que l'on ne pourrait obtenir avec assez d'exactitude sur le Journal, quoique pourtant ce livre contienne réellement la substance de tous les renseignements nécessaires et propres à le faire connaître.

On ne peut, en effet, s'assurer du montant total des *entrées* et des *sorties,* qu'à l'aide d'un classement particulier des sommes dans cet ordre; mais ce classement, par la raison qu'il doit représenter les sommes, non par ordre de date, mais par nature d'objet, ne peut s'effectuer sans laisser dans les pages des intervalles blancs et des lacunes incompatibles avec la disposition du Journal qui, d'après la loi, n'en doit présenter d'aucune sorte; et pour l'obtenir après coup d'après les écritures du Journal, sans parler de la perte énorme de temps que cela exigerait de la part du commerçant (dans les méthodes usitées), ce serait une opération, sinon impossible, du moins d'une difficulté presque insurmontable (1).

plus complète dans ma NOUVELLE TENUE DES LIVRES ABRÉGÉE *en partie simple, reproduisant tous les résultats de la partie double.* Voir ce nouvel ouvrage. PRIX : 2 fr.

(1) Le système développé dans mon *Album du Comptoir,* résout complétement cette difficulté.

Voilà pourquoi il a été jugé plus convenable et plus commode d'avoir un registre uniquement destiné à représenter les *entrées* et les *sorties* des diverses valeurs du commerce.

3° *Le soin de sa réputation.*

28. Ce livre formé avec les renseignements donnés par le journal, a été, pour cette raison, nommé *Extrait*. On lui a aussi donné le nom de *Livre de raison*, parce qu'il permet au chef de commerce de raisonner sa situation et de se rendre compte de l'état de ses affaires; mais comme il est beaucoup plus connu sous le nom de GRAND-LIVRE, qu'il a reçu à cause de son format ordinairement assez volumineux, c'est aussi sous ce dernier nom que nous le désignerons dans le courant de ce traité. Le *Grand-Livre*, quoique la loi ne l'exige pas explicitement, n'est pas moins indispensable à un commerçant que le Journal. Si ce dernier Livre lui sert à prouver sa bonne foi, et à sauver au besoin sa propre réputation, les renseignements qu'il puise dans le *Grand-Livre*, lui servent à augmenter et souvent même à sauver sa fortune, soit en activant un commerce avantageux, soit en cessant à propos des opérations ruineuses.

Classement ou Comptes à établir sur le Grand-Livre.

DIVERS SYSTÈMES. — PARTIE SIMPLE. — PARTIE DOUBLE.

29. Le but des écritures et renseignements à porter sur le *Grand-Livre* étant de présenter au commerçant le *compte* ou classement par *entrée* et *sortie* des valeurs à sa disposition, afin qu'il puisse en faire la différence et reconnaître les bénéfices ou les pertes qui en résultent, il reste à savoir comment se doit opérer ce classement qui forme en quelque sorte toute la tenue des Livres.

Ainsi que nous l'avons dit plus haut, il existe, pour diriger ce classement des comptes aux Livres de commerce, deux systèmes principaux, également usités parmi les commer-

çants : —l'un, moins complet, quoique suffisant pour satisfaire à ce qu'exige la loi, se borne à mentionner ce qu'elle appelle les *dettes actives et passives* du commerçant, c'est-à-dire
les divers clients et commettants portés comme *débiteurs* ou
créanciers de la maison, par suite de nos relations avec eux,
sans rechercher autrement le mouvement des diverses valeurs
qui servent aux échanges. Ce système a été nommé PARTIE
SIMPLE, par opposition avec l'autre plus complet dont nous
avons à parler, lequel a reçu le nom de PARTIE DOUBLE
par la raison que, tout en présentant de même que par la
Partie simple les dettes actives et passives du commerce, il
reproduit encore en regard et par forme de contrôle, l'*Entrée*
et la *Sortie* des diverses valeurs qui servent à l'échange commercial, et dont il est facile de constater ainsi l'augmentation ou
la diminution, et par suite le *bénéfice* ou la *perte* qui en résulte.
Mais comme la *Partie simple*, du moins telle qu'elle a été
pratiquée jusqu'à ce jour (1), est très-incomplète et, du reste,
très-facile, il suffira des modèles que nous en présenterons dans
les Livres pour en donner l'intelligence; nous réserverons
donc tous nos développements pour la *Partie double*, système
qui, malgré toutes ses complications et ses obscurités, n'en
est pas moins le plus complet qui ait été en usage jusqu'à ce
jour.

30. Voyons donc quelles sont les diverses valeurs auxquelles il est à propos d'ouvrir, en *Partie double*, des comptes
séparés au Grand-Livre, afin d'en constater les *entrées* et les
sorties individuelles, dont la comparaison peut seule nous
donner la connaissance des résultats du commerce.

(1) Voir la note page 14.

Des diverses espèces de Comptes à établir pour un Commerce.

Ce classement n'est autre que celui que nous avons dit dans nos *notions préliminaires*, avoir été adopté pour la division des valeurs du commerce, c'est-à-dire :

31. 1° Tout *objet en nature* acheté par le commerçant dans le but d'être revendu par lui à son bénéfice, et dont on a représenté le compte sous le nom générique de : MARCHANDISES GÉNÉRALES.

32. 2° L'argent ou *valeur en espèce* avec lequel il se procure les *marchandises* ou qu'il reçoit en échange quand il les vend. Cet argent étant ordinairement tenu renfermé dans un coffre appelé *caisse*, on en a par cette raison représenté l'entrée et la sortie à un compte ainsi appelé : CAISSE GÉNÉRALE.

33. 3° Par la même raison, les *valeurs en papiers* par lesquelles est représentée la promesse ou l'adhésion des clients de payer à une époque déterminée telle ou telle somme sur l'Ordre de la maison, ont été classées à un compte nommé *Portefeuille*, parce qu'elles sont ordinairement contenues dans un carnet ainsi appelé. Un grand nombre les a aussi désignées sous le nom de *Traites et Remises* comme réunissant ces deux espèces de billets. Enfin, comme toutes représentent des valeurs à recevoir, on les a plus généralement représentées sous le nom de : EFFETS ou valeurs A RECEVOIR.

34. 4° Enfin la nécessité de prendre note des Billets que l'on souscrivait de même à l'ordre d'un autre commerçant, afin de se mettre en mesure de les acquitter à l'échéance, de même que le besoin de connaître quand ils étaient rentrés, afin de s'assurer des sommes qui restent encore à payer au

moment de l'inventaire, a exigé encore l'emploi d'un nouveau compte de BILLETS ou effets A PAYER.

35. Lesquels ne peuvent en aucune manière être confondus avec ceux des *Effets à recevoir;* ces derniers devant figurer à l'*actif* de l'inventaire en qualité de *créances;* tandis que les effets à payer ne représentant que des *dettes* de la maison, font au contraire partie du *passif.*

Ce qui fait voir combien était vicieux et obscur l'ancien compte de *Traites et remises* qui réunissait les uns et les autres sous ce même nom.

OBSERVATIONS.

36. Les quatre comptes dont nous venons de donner la définition, représentent chacun un objet matériel et dont l'*entrée* et la *sortie* peuvent *matériellement* et *actuellement* être constatées. Ils forment ce qu'on a appelé les COMPTES GÉNÉRAUX d'un commerce, soit parce qu'ils peuvent exister dans toute espèce d'industrie, soit parce que (ce qui est plus rationnel) ils établissent la classification de toutes les valeurs commerciales en quatre divisions générales dont chacune comprend divers objets de même nature, et cela pour les distinguer d'autres comptes qui, n'ayant chacun qu'un objet spécial, ont, pour cette raison, reçu la dénomination de COMPTES PARTICULIERS ou PERSONNELS.

37. Ainsi que nous l'avons dit plus haut, il peut arriver, et il arrive très-souvent dans l'usage du commerce, qu'en livrant une marchandise ou valeur à un client, le commerçant n'en reçoive immédiatement aucun payement; d'où il résulte pour lui, sur ce même client, un *droit* qu'il considère avec raison comme une valeur réelle quoique non actuellement en sa possession, mais dont l'entrée n'est que *différée.* Ce droit, il importe au commerçant de le constater sur ses livres, soit pour

en conserver le souvenir, soit pour pouvoir le faire valoir en temps utile et en opérer la rentrée quand il le jugera convenable ; de là, la nécessité d'un nouveau genre de classement ou compte spécial pour chacun de nos clients, classement destiné à nous représenter notre droit sur lui ou *nos valeurs en sa possession*, et dont *la rentrée* est pour nous *différée* (1). Et comme dans ce cas notre droit porte spécialement sur sa personne, et non sur aucune valeur particulière en sa possession (aux termes même de la loi), il a été assez naturel que ce fût le nom même du client qui nous le représentât : UN TEL DE TELLE VILLE.

38. La situation d'un commerçant par rapport à ses clients, pouvant être modifiée non-seulement par le droit qu'il a sur eux pour les valeurs qu'il leur a remises, mais encore par celui qu'ils ont sur lui pour celles qu'il en a reçues sans leur donner immédiatement aucun équivalent, il ne lui importe pas moins de constater ce droit qui forme pour lui une obligation dont il doit se souvenir, afin de se mettre en mesure de l'acquitter au temps convenable ; et comme ce droit est tout personnel, c'est-à-dire n'atteint que sa personne (d'après ce que nous avons dit plus haut), il convient encore qu'il soit représenté par le nom du client lui-même, par qui il y a *sortie différée* d'une valeur en notre possession ; mais à déduire pour la Situation, de celles dont nous sommes véritablement les légitimes maîtres.

39. Et comme notre droit sur un client résulte des valeurs que nous lui avons remises et que par conséquent il nous *doit*, c'est aussi par le même mot *Doit* que l'on représente cette situation à son compte ; de même que son droit sur nous, provenant de ce que nous en avons reçu, et qui compose son *avoir donné*, a dû être représenté par le mot *Avoir*.

(1) Voir ci-après notre *Théorie nouvelle*, pages 36 et suivantes.

De là, pour chaque compte de client, les deux situations de DOIT pour les valeurs qu'il a reçues, et de AVOIR pour celles qu'il a fournies, situations qu'il importe autant de ne pas confondre que celles d'*entrée* et de *sortie* pour les comptes généraux. Voilà pourquoi l'usage a prévalu dans le commerce de les établir, quoique au même compte, *sur deux pages séparées*, mais en regard.

40. NOTA. Nous avons dit plus haut, et nous devons le faire remarquer, que la raison pour laquelle nous nommons du nom du client, le compte destiné à nous représenter, soit le droit que nous avons sur lui pour les valeurs que nous lui avons remises, soit celui qu'il a sur nous pour celles que nous en avons reçues, c'est que (aux termes de la loi), ce droit est tout personnel et ne peut en aucune manière porter sur l'objet lui-même, dont il est devenu bien véritablement le légitime propriétaire; il n'en serait pas de même si cet objet ne lui avait été confié qu'à titre de dépôt; notre droit dans ce cas ne portant directement que sur l'objet et indirectement sur la personne, et seulement au cas de non-représentation de l'objet. Voilà pourquoi dans le cas de *dépôt* et de *consignation*, il conviendrait d'établir un nouveau compte spécial de MARCHAN-DISES CHEZ UN TEL, pour constater notre droit direct sur elles, ou de MARCHANDISES en dépôt D'UN TEL, s'il s'agissait d'objets à nous remis à ce titre.

41. Par suite du même principe, s'il s'agissait d'une opération sur des marchandises achetées *en participation*, c'est-à-dire pour lesquelles nous n'avons qu'une part avec un ou plusieurs commerçants, par la raison que les résultats de cette opération ne peuvent nous appartenir en entier, on ne pourrait pas confondre ce genre de marchandises avec celles que nous avons nommées *marchandises générales*. Il conviendra donc de les classer séparément à un compte spécial que l'on nommera : MARCHANDISES *à demi*, *à tiers* ou EN PARTI-CIPATION, *etc.*, AVEC TEL, TEL, etc.

42. Tous les comptes dont nous venons de parler, tant les comptes *généraux* que les comptes *particuliers* ou *personnels*, sont destinés à reproduire l'*entrée* et la *sortie* d'une valeur ou *en nature*, représentée par le nom de l'objet, ou *en droit*, représentée par le nom du client qui en est ou responsable ou créancier.

Mais il peut arriver qu'un commerçant donnant une valeur nominalement *plus forte*, ne reçoive en échange qu'une valeur réellement *moindre ;* d'où naît pour lui un *déficit d'entrée* qu'il peu immédiatement constater, et dont, dans ce cas, il est à propos qu'il prenne note, afin de ne pas attribuer plus tard ce *déficit* à une erreur, ce qui l'exposerait à des recherches aussi longues qu'infructueuses. Ce *déficit*, par la raison qu'il forme pour lui une perte, devra être porté à un compte de PERTES ou *déficit d'entrée*.

Et comme dans un cas contraire, c'est-à-dire s'il se trouvait avoir reçu plus qu'il n'aurait donné, il y aurait à son avantage un *déficit de sortie* qui formerait son BÉNÉFICE; ce déficit serait également représenté à un compte de bénéfice, dits Profits, ou *déficit de sortie*.

Mais ces deux sortes de déficits ne sont que deux situations du même objet; voilà pourquoi on n'en a fait qu'un seul compte sous le nom général de PROFITS ET PERTES ou RÉSULTATS du commerce.

43. Ce compte ne devant être considéré que comme un classement des valeurs qui manquent dans les opérations ou échanges du commerçant, soit à l'*entrée*, soit à la *sortie* pour qu'il y ait équilibre de ces deux situations, il suit de là que tout *déficit d'entrée* formant une perte, l'*entrée* de ce compte indiquera les *pertes ;* tandis que le *déficit de sortie* nous produisant nos bénéfices, ce sera par la sortie du même compte qu'ils nous seront représentés.

44. En mettant des valeurs en commerce, le commerçant

doit nécessairement conserver le droit qu'il avait sur elles et qui en faisaient sa propriété ; ce droit sera constaté à un compte qui le représente spécialement et auquel on a donné pour cette raison le nom de CAPITAL (tête ou chef du commerce).

45. Ce compte uniquement destiné à présenter le droit du chef de commerce, tant sur les valeurs versées par lui, que sur les bénéfices qui résultent de ses opérations, pourrait facilement être réuni avec celui de *Profits et Pertes*, tous deux ayant indirectement le même objet, attendu que les pertes ne sont qu'une diminution du droit du commerçant, et que des bénéfices résulte pour lui une augmentation de ce même droit. Mais comme l'usage est dans le commerce de se servir de ces deux comptes, nous croyons convenable d'en conserver la distinction.

Tous les comptes dont nous venons de parler se divisent ordinairement dans le commerce en deux classes distinctes de

COMPTES GÉNÉRAUX comprenant toutes les valeurs, tant positives que négatives du commerce, représentées par un objet ou par un titre, tant en notre faveur que contre nous, et que nous avons nommées *marchandises, caisse, effets à recevoir et effets à payer*.

La deuxième classe comprend, sous le nom de COMPTES PARTICULIERS *ou de divers*, tous ceux de chacun des clients du commerce, sous quelque nom qu'il soit désigné ; en tête desquels doit figurer le compte destiné à représenter le droit du chef de commerce lui-même, soit sur le commerce sous le nom de *Capital*, soit sur les résultats du commerce sous celui de Profits et Pertes, deux comptes qui, n'ayant l'un et l'autre qu'un même objet, peuvent sans difficulté, si l'on veut, être réunis en un seul.

46. Nota. Quoique ce dernier compte de Profits et Pertes ou Capital soit réellement un compte particulier, cependant

comme il est de la nature de ceux qui se rencontrent dans toute espèce de commerce, il a généralement été considéré comme faisant partie des *comptes généraux* au nombre desquels nous le conserverons.

Cette distinction des comptes d'un commerce en *Comptes généraux* et en *Comptes particuliers*, presque entièrement oiseuse dans l'ancien système, devient tout à fait importante et indispensable pour la pratique, dans le système économique et infaillible que nous avons développé dans notre *Album du Comptoir*. (Voir cet ouvrage.)

47. Ce que nous avons dit plus haut relativement aux comptes *particuliers*, doit faire comprendre l'emploi de tous ceux qu'il est possible de créer pour une industrie quelconque, et dans n'importe quel cas qui puisse se présenter. Le principe qui doit servir de règle unique est toujours la *nature des renseignements à obtenir* au sujet de tel ou tel objet, ou de telle ou telle personne; renseignements qui consistent uniquement à constater, d'un côté, notre droit sur elle, ou ce qu'elle nous DOIT, et de l'autre son droit sur nous en raison de ce qu'elle peut nous AVOIR donné (1).

48. Ainsi le commerçant qui désirerait obtenir des renseignements spéciaux sur un objet particulier de son commerce, pourrait avoir un compte spécial pour cet objet, en dehors du compte général de marchandises. Un marchand de vin, par exemple, pourrait avoir un compte à part pour chaque espèce principale de vins, ainsi nommés *Vins fins, Vins ordinaires,* ou plus spécialement *Vins de Bordeaux, Vins de Champa-*

______

(1) On comprendra facilement que ces deux situations de *doit* et d'*avoir* s'annulant l'une l'autre, par la raison que le droit de mon client sur moi compense et détruit évidemment mon droit sur lui pour une somme égale, ce n'est que par la déduction du montant de l'un sur le montant de l'autre, que l'on pourra reconnaître le *montant net,* d'où résulte notre véritable situation à son égard.

gne, etc. De même un marchand de fers pourrait avoir un compte à part pour les *Fers d'Allemagne*, etc., et ainsi dans tout autre commerce, pour tout objet sur lequel on désire des renseignements spéciaux, *Sucres*, *Cafés*, etc.

Cependant nous devons faire observer qu'il faut le moins possible multiplier les comptes à part, tant à cause de la complication que cela apporte dans le travail des écritures, que par la quantité d'erreurs auxquelles on est exposé, s'il arrive que l'on confonde les divers objets de ces comptes en portant à l'un ce qui a rapport à un autre, ce dont il est bien difficile de se préserver, quand ces comptes sont trop multipliés. Ce ne doit donc être que dans le cas d'une véritable nécessité de renseignements spéciaux qu'il convient de faire usage de ces subdivisions.

Classement des Entrées et des Sorties aux Comptes. — Formules usitées.

49. Le but du classement ou comptes établis sur le Grand-Livre, étant de représenter l'*augmentation* ou la *diminution* des diverses valeurs du commerce pour pouvoir les comparer, et reconnaître ainsi la situation des affaires, on a déjà compris qu'il est indispensable que chaque compte présente deux divisions : l'une des valeurs *entrées*, d'où est résulté l'*augmentation* de son objet; l'autre de celles *sorties* de ce même objet, d'où en est résulté la *diminution;* la différence devant faire connaître ordinairement ce qui reste.

50. Et comme on ne saurait trop éviter de confondre ces deux situations, non contents d'en classer les sommes dans deux colonnes différentes (voir ci-après le modèle du Grand-Livre à la planche générale), un grand nombre de commerçants ont même jugé à propos de les établir sur deux pages différentes quoiqu'en regard : l'une (celle de gauche) destinée à représenter l'*entrée* de l'objet, et l'autre (celle de droite) pour y inscrire le montant des *sorties;* et de crainte encore

qu'une distraction ne fît par mégarde porter dans l'une ce qui devait figurer dans l'autre, on y a inscrit en gros caractères, en tête de chacune de ces deux pages, le genre de situation qu'elle devait représenter. Les mots les plus naturels pour représenter ces deux situations de chaque valeur du commerce étaient certainement ceux d'*entrée* et de *sortie*, propres à être compris de tout le monde, comme exprimant nettement et clairement leur objet; mais, soit que suivant l'usage de ces premiers temps où la science s'enveloppait de mystère pour se rendre plus respectable, MM. les teneurs de livres aient voulu rendre leur art inaccessible au vulgaire, soit que, à l'époque où ils introduisirent dans la tenue des livres l'emploi des comptes généraux ou *partie double*, ils aient voulu éviter tout changement dans les mots usités, ils conservèrent ceux de *doit* et *avoir* depuis longtemps employés pour les comptes des personnes, ce qui constituait la PARTIE SIMPLE, ainsi que nous l'avons expliqué plus haut. Le mot *doit* fut donc dès lors employé pour désigner la situation d'*entrée*, comme celui de *avoir* pour désigner la *sortie*. Ils furent en conséquence écrits en gros caractères en tête de chacun des comptes généraux au grand livre, comme ils l'étaient déjà en tête de chacun des comptes des personnes, ce qui amena les formules :

DOIT   CAISSE   GÉNÉRALE   AVOIR.

DOIVENT   MARCHANDISES GÉNÉRALES   AVOIR.

Absolument comme on aurait dit :

DOIT   PIERRE DE PARIS.   AVOIR.

DOIT   JULIEN DE LYON.   AVOIR.

représentant ainsi chaque *valeur* ou chaque compte, absolument comme une personne chargée et responsable des *valeurs* qu'on lui confie, et ayant droit à être déchargée de celles qu'on lui reprend.

51. Peut-être cela vint-il de ce que, dans les grandes maisons de commerce, par qui il est probable que la *Partie double* commença d'abord à être employée, la multiplicité des affaires avait introduit l'usage de diviser le travail, en établissant une spécialité pour chacun des employés ou *commis* de la maison. Ainsi, l'un était chargé et par conséquent responsable des *Marchandises*, un autre de la *Caisse*, un autre du *Portefeuille*, un autre des échéances, etc., etc.; leur compte devait alors s'établir ainsi :

DOIT. COMMIS DES MARCHANDISES. AVOIR.

DOIT. COMMIS DE CAISSE. AVOIR.

DOIT. COMMIS DE PORTEFEUILLE. AVOIR.

Et de même pour les autres spécialités, par un principe uniforme; intitulé que l'on abrégea bientôt en y supprimant le mot de *commis*, de la manière suivante, ce qui reproduisit les formules ci-dessus énoncées :

DOIT. MARCHANDISES GÉNÉRALES. AVOIR.

DOIT. CAISSE. AVOIR.

52. Et comme dans la suite les teneurs de livres du temps se montrèrent peu curieux d'en chercher ou d'en indiquer l'origine, il en résulta pour les élèves cette obscurité et par suite ces difficultés qui, se dressant comme un fâcheux épouvantail devant leur imagination effrayée, en rebutèrent le plus grand nombre, et firent désigner par eux le système de la PARTIE DOUBLE sous le nom proverbial de PARTIE *trouble*.

Où se prennent les renseignements donnés sur le Grand-Livre.

53. Si le commerçant portait immédiatement sur le Grand-Livre les sommes qui appartiennent à chaque compte, au fur et à mesure des opérations, outre que ce serait un travail trop

minutieux et peu commode, vu le format exagéré de la plupart de ces registres, il en résulterait qu'en cas d'erreur, il n'y aurait presque pas de moyen de se retrouver, par la difficulté de reconnaître l'ordre et la suite des opérations. Après cela, le JOURNAL étant, ainsi que nous l'avons vu plus haut, le seul livre reconnu par la loi, et devant être tenu jour par jour, l'usage s'est généralement introduit d'y prendre les renseignements dont se doit composer le Grand-Livre; mais pour éviter les difficultés que présenterait un classement trop précipité, et la quantité d'erreurs dont fourmilleraient bientôt les écritures, par suite de sommes classées à un compte quand elles appartiendraient à un autre, ou portées comme *entrées* quand elles seraient *sorties*, etc., on s'est peu à peu habitué à établir sur le journal un travail préparatoire qui facilitât et indiquât d'avance ce classement.

54. Ce ne furent sans doute dans l'origine que de simples notes portées en marge du journal en face des sommes, dans le but de faire reconnaître à quel compte elles appartenaient, pour éviter qu'on ne les portât à un autre compte au Grand-Livre.

Ainsi, pour marquer que telle somme était un montant de *marchandises*, par exemple, ou de *caisse*, etc., et devait en conséquence figurer à ces comptes au Grand-Livre, on écrivait en marge du JOURNAL en face de la somme et avant le raisonnement relatif à l'opération, les mots : *Marchandises* ou *Caisse*, etc., de même que plus anciennement à l'égard des comptes particuliers, pour marquer qu'une somme appartenant au compte de tel et tel client, on était déjà dans l'usage d'écrire son nom en marge du JOURNAL en face de la somme.

Mais comme il n'eût pas suffi, pour éviter les erreurs, de distinguer les comptes, on ne tarda pas à indiquer également la différence de situation d'*entrée* ou de *sortie*, ainsi qu'on le faisait déjà pour les comptes particuliers de *tel* ou *tel* client. Et comme, ainsi que nous l'avons vu, ces deux situations se trouvaient indiquées sur le GRAND-LIVRE, la première (celle d'*entrée*) par le mot *doit*, et la seconde (celle de *sortie*) par le mot *avoir*, imités de leur emploi pour les comptes particuliers, ce fut aussi des mêmes mots que l'on se servit pour déterminer en marge du journal, que telle somme appartenant à tel compte devait être reportée au grand-livre à l'*entrée* ou à la *sortie* de ce même compte. Ainsi pour marquer qu'une somme appartenant au compte de marchandises, devait être également portée à l'entrée de ce même compte, on écrivait devant la somme en marge du journal ces mots : *doivent Marchandises*, comme si l'on eût dit : *pour être portée au compte de Marchandises à la page marquée DOIT* ou *d'entrée;* de même pour la *caisse* et pour les autres comptes tant généraux que particuliers. Pour marquer qu'une somme devait être portée au Grand-Livre à l'*entrée* de l'un de ces comptes, on écrivait toujours en marge du journal ces mots : *doit Caisse, doit Portefeuille;* ou *doit Pierre, doit Paul,* etc. Par le même principe, la *sortie* était déterminée sur le Journal comme sur le Grand-Livre par l'emploi du mot *avoir* (souvent abrégé à l'aide de la seule lettre A), placé en marge devant la somme : *avoir Marchandises, avoir Caisse,* ou seulement *A marchandises, A caisse.* Et comme dans toute opération commerciale, il y a nécessairement une entrée et une sortie, la nécessité de déterminer l'une et l'autre obligeant de classer deux fois la même somme, fit donner à cette passation d'écritures le nom de PARTIE DOUBLE. Ainsi un achat de marchandises au comptant pour une somme de cent francs, par exemple, demandait le double classement de cette somme de cent francs, une fois à l'*entrée* du compte des marchandises, *doivent marchandises;* une autre fois à la *sortie* du compte de caisse, *avoir caisse,* ce qui se pratiquait ainsi :

Doit Marchandises, f. 100	ou simplement	*D. Marchandises,* f. 100.
Avoir Caisse, f. 100		*A. Caisse,* f. 100.

lesquels mots se trouvaient quelquefois placés sur la même

ligne, par exemple quand le raisonnement de l'opération ne contenait que cet espace : *Marchandises à Caisse.*

55. Ce qui amena peu à peu l'emploi des formules embrouillées, *tel à tel, tel à divers,* etc., par lesquels il semblait que tel était débiteur d'un ou de plusieurs autres, quoique, originairement, ce ne fût pas ce que l'on avait l'intention d'indiquer.

56. L'opération du classement des sommes du journal à l'entrée s'opérant, ainsi que nous l'avons vu, à l'aide du mot *doit,* a été, pour cette raison, nommée *débiter,* de même que l'on a appelé *débit* d'un compte, les sommes qui figurent à ce compte à la situation d'entrée; et par la même raison, on a appelé *créditer* l'opération de classer une somme à l'*Avoir* ou *Crédit* d'un compte.

En voilà assez, sans doute, pour faire comprendre l'emploi de ces mots *Doit* et *Avoir,* et de ces formules de la Partie double, si effrayantes pour les élèves, et qui, en réalité, sont la seule cause de toutes les obscurités de ce système, le plus naturel, cependant, et le plus simple qui puisse être employé. (*Voir mon Album du Comptoir.*) Si je me suis autant étendu sur ces détails, c'est que là est réellement toute la difficulté de la Tenue des Livres, et je crois avoir suffisamment démontré qu'elle n'est que dans les mots, et, par cette raison, purement imaginaire.

Voyons maintenant comment chacune des opérations du commerce doit être reportée sur les trois Livres que nous avons reconnus nécessaires au commerçant, c'est-à-dire : sur le BROUILLARD ou *Main courante,* sur le JOURNAL *partie simple et partie double,* et sur le Grand-Livre; ou en d'autres termes *quel est le style de rédaction de ces différents livres.*

FIN DE LA PREMIÈRE PARTIE.

DEUXIÈME PARTIE.

DISPOSITION, STYLE ET RÉDACTION DES LIVRES PRINCIPAUX DU COMMERCE.

SOMMAIRE.

1° Du Brouillard. — Disposition et Modèle; 2° du Journal Partie double; 3° du Brouillard journalisé ou préparé en classement de sommes à Partie double. — Définition raisonnée des mots : Doit, Débit et Débiter ; et des mots Avoir, Crédit et Créditer. — Questions à établir pour ce genre de Classement, Théorie nouvelle de l'auteur : Entrée actuelle, différée, nulle, etc.; 4° du Journal Partie double ordinaire; 5° du Grand-Livre. — Renseignements, Rédactions et Modèles.

Du Brouillard.

57. Le *Brouillard*, comme nous l'avons dit, n'étant pour ainsi parler qu'un Journal *main courante*, doit de même que le Journal présenter les *six renseignements* suivants, lesquels sont essentiels et absolument indispensables, vu que la loi les exige. Ce sont :

1° La *Date*.

2° L'énoncé du *genre d'affaire* (Achat, vente, etc.).

3° *Avec qui* elle a eu lieu.

4° *Comment et quand payable*.

5° *Nature des objets*, quantité et qualité.

6° A quel *prix* et total.

EXEMPLE :

——————————— (1) Janvier 1ᵉʳ 1853. ———————————

(2) Acheté (3) de Williams Béraud (4) au comptant (5) les marchandises suivantes :

10 pièces drap Sedan, noir fin (6) à fr. 400. . . . . 4,000 »

———————— (1) Du 5 dit. ————————

(2) Vendu (3) à Hubert de Paris en échange de son billet à m/o (4) au 1ᵉʳ mars prochain :

(5) 10 Hectolitres vin blanc de Condrieux (6) à fr. 150. 1,500 ⎫
(*) 7 Hectolitres de vin rouge de Beaujolais (*) à fr. 120. 840 ⎬ 2,940 »
(*) 3 Hectolitres clairette de Die (*) à fr. 200. 600 ⎭

———————— Du 8 dit. ————————

Reçu de Hugolin de Rouen, pour solde de m/ facture du 15 septembre dernier, les remises ci-après :

N° 6 Lyon, 20 janvier courant, fr. . . . . . 4,000 ⎫
N° 7 Lyon, 10 février prochain, fr. . . . . . 2,000 ⎬ 6,000 ⎫ 6,600 »
Espèces pour solde, fr. . . . . 600 ⎭

58. Cet aperçu du *Brouillard* suffit pour faire connaître à la fois et la manière d'en disposer la réglure, et l'emploi des colonnes qui y sont tracées. Ainsi qu'on a pu le voir, les renseignements s'y viennent classer ordinairement dans l'ordre que nous avons indiqué ; il nous a paru le plus convenable, comme étant le plus naturel par la suite des idées et du raisonnement ; cependant il pourrait sans inconvénient être changé, pourvu qu'il n'y fût omis aucun des six renseignements ci-dessus. On observera que la *date* se met ordinairement dans le milieu de la première ligne de chaque article, et qu'elle est disposée entre deux *filets* ou traits de plume, qui servent à encadrer séparément en un seul article les diverses opérations de chaque jour. Quant au placement des sommes, on peut adopter le principe suivant · 1° placer à droite, dans la colonne intérieure du raisonnement, toutes celles qui appartiennent au même objet ou à des valeurs de la même espèce, quand ces sommes doivent être résumées par un total général de tous les articles d'un même objet.

Ainsi, dans l'article du 8 janvier ou notre modèle de Brouillard, les sommes 4,000 et 2,000 appartenant au même objet qui est le *portefeuille* et devant se résumer pour lui en un total de 6,000, ont été avec raison placées dans la colonne intérieure du raisonnement.

59. 2° Pour ce qui est des *Totaux partiels* de chaque objet, par exemple la somme de 6,000, total des Billets de portefeuille que nous recevons de Hugolin, mais non plus total de l'article, puisqu'il y a encore une entrée d'espèces, nous la placerons immédiatement après la colonne du raisonnement, mais avant la somme totale de l'article, laquelle seule doit toujours figurer une seule fois dans la dernière colonne de droite, où se trouve placée, par exemple, la somme de 6,600, total général de l'article du 8. Ceci se comprendra beaucoup mieux par l'inspection des modèles. (Voyez ci - contre, le modèle du Brouillard à la page précédente.) .

60. Quelquefois il arrive que l'époque du paiement d'un achat ou d'une vente n'est pas indiquée; alors elle est censée convenue à réquisition, c'est-à-dire sur la première demande du vendeur, ou suivant l'usage usité pour ces sortes d'articles, lequel, en cas de contestation, ferait toujours *loi*.

Du Journal.

61. 1° RÉDACTION DU JOURNAL EN PARTIE SIMPLE. Les *six mêmes renseignements* que pour le brouillard : 1° *date;* 2° *genre d'affaire,* etc. (Voir ci-dessus, page 31.) Même pour beaucoup de commerçants qui ne connaissent la Tenue des Livres ni en partie simple ni en partie double, le Journal n'est qu'un relevé plus au net des écritures du Brouillard, dont il peut être alors la copie textuelle. Mais comme dans les deux systèmes ci-dessus énoncés, ce livre doit préparer et faciliter les écritures à faire sur le Grand-Livre, il en est résulté que les renseignements à y établir ont dû y figurer dans une certaine forme propre à remplir cette destination.

Ainsi, comme en partie simple, le commerçant se contente d'inscrire ceux qui lui doivent ou ceux à qui il doit, tout en

donnant les détails nécessaires à la complète intelligence de
ces rénseignements, l'usage s'est introduit de faire de ces débiteurs ou de ces créanciers le sujet de l'article, et de commencer, en conséquence, chaque article de Journal en partie
simple de cette manière, si c'est un débiteur : (Voir le modèle n° 8, page 143.)

DOIT UN TEL, *tel objet à lui livré, payable de telle manière*, etc.;
et si c'est un créancier : AVOIR UN TEL *pour tel objet*,
reçu de lui *de telle et telle manière*, à tel prix, payable, etc.;
nous verrons plus tard, quand nous nous occuperons de la
partie double, la facilité que présente l'emploi de ces formules,
quand on veut porter chaque somme au compte du Grand-
Livre auquel elle a rapport. Qu'il suffise de dire ici que pour
passer écriture d'une opération en partie simple, il n'y a pour
chaque article qu'à constater notre droit sur le client à qui
nous livrons, par la formule ci-dessus énoncée : DOIT UN
TEL, etc., de même que dans le cas contraire on aura à mentionner le droit soit du client, soit du commettant de qui nous rece-
vrions, à l'aide de ces mots : AVOIR UN TEL, etc. (Voir pour
plus de détails sur l'emploi de la Partie simple, et sur les
perfectionnements que j'ai apportés à ce système trop incomplet par lui-même, mon *Livre du Commerçant en Détail*, et les
divers modèles qui y sont présentés.

62. RÉDACTION DU JOURNAL EN PARTIE DOUBLE.

Mêmes principes et mêmes renseignements que pour le Journal
en partie simple, etc. (voir ci-dessus, page 33); seulement,
comme les sommes doivent y être nommées par *entrée* et par
sortie, afin d'en préparer le transport au compte du Grand-
Livre, on écrira en marge ou autrement, le nom des comptes
en face de la somme qui doit être reportée au Grand-Livre;
et pour indiquer à quelle page de ce compte cette somme doit
figurer, il faudra, avant le nom du compte, écrire le mot DOIT
s'il s'agit d'une *entrée*, ou le mot A (abrégé de Avoir) s'il
s'agit d'une valeur qui doive figurer à sa page de *sortie*,
comme dans le modèle suivant :

Brouillard journalisé ou fermé en Partie Double

POUR FACILITER LE TRANSPORT AU GRAND-LIVRE.

EXEMPLES :

———————— (1) 1er janvier 1853. ————————

Doivent Marchandises 4,000 (2) Acheté (3) de Williams Béraud (4) au
comptant (5) les marchandises suivantes :
10 Pièces drap Sedan noir fin (6)
Avoir Caisse........ 4,000 fr. 400.................... 4,000 »

———————— (1) Du 5 dit. ————————

Doit Portefeuille. . . 2,940 (2) Vendu (3) à Hubert de Paris, en échange
de son billet à m/ o/ (4) 1er mars prochain.
Avoir Marchandises 2,940 (5) 10 Hectolitres vin blanc de Condrieux (6)
à fr. 150. 1,500
(*) 7 Hectolitres vin rouge du
Beaujolais (*) à fr. 120. . 840 } 2,940 »
3 Hectolitres clairette de Die
à fr. 200. 600

———————— Du 8 dit. ————————

Avoir Hugolin.. 6,600 Reçu de Hugolin de Rouen, pour solde de ma
facture du 15 septembre dernier.
Doit Portefeuille 6,000 N° 4 Lyon, 20 janvier courant, fr. 4,000
N° 7 Lyon, 10 février } 6,000
f. prochain, 2,000 } 6,600 »
Doit Caisse...... 600 Espèces pour solde, fr. . . 600

NOTA. Toute opération de commerce, par cela même
qu'elle contient un échange, doit nécessairement présenter
une entrée et une *sortie*. Et c'est là le principal avantage de la
Partie Double, qui permet ainsi de constater le mouvement et
le déplacement quelconque de toute valeur, et qui, par la
balance que tout article doit toujours présenter, contrôle et
justifie l'exactitude des rapports ; suivant le principe de ce système, de *ne jamais nommer une entrée sans nommer immédia-*

tement la sortie qui doit en former l'équilibre ; de sorte qu'un article de Brouillard ne contînt-il qu'une somme, cette somme devra être nommée deux fois, comme devant figurer à deux comptes différents, l'un qui reçoit et l'autre qui donne. — Ainsi, dans notre premier article mentionné sur notre modèle de Brouillard, la somme de 4,000 fr. est en même temps le montant des *marchandises entrées*, et celui de *l'argent sorti* de la Caisse. (Voir ci-dessus les explications, pages 25 et suiv.)

Application du principe d'Entrée et de Sortie

POUR L'ÉTABLISSEMENT DU JOURNAL A PARTIE DOUBLE.

THÉORIE NOUVELLE ET FACILE DE L'AUTEUR.

63. Déterminer l'entrée et la sortie, est assez facile toutes les fois que dans une opération de commerce il entre et il sort un objet ou valeur réelle que l'on peut nommer, telle que de l'argent, des marchandises ou même une valeur en papier ; mais il arrive souvent qu'en échange de l'objet qu'il donne, le commerçant ne reçoit rien encore immédiatement, le payement lui étant différé par l'acheteur, qu'il doive avoir lieu à une époque déterminée ou non. De là une sortie sans entrée apparente, ce qui se présente dans tous les cas de ventes dites *à terme ;* ainsi que dans celui où le commerçant acquitterait une facture dont il serait déjà porté débiteur ; c'est aussi ce qui a lieu dans le cas de frais, dépenses, pertes, etc., etc.

De même qu'il peut arriver qu'il reçoive lui-même un objet réel sans rien donner immédiatement en échange, soit qu'il diffère le payement comme dans les *achats à terme*, soit qu'il n'ait réellement rien à donner comme dans ce qu'il recevrait à titre de *bénéfices et intérêts en sa faveur*, etc., tous articles qui semblent présenter des *entrées sans sorties*. Comment donc se reconnaître dans ce grand nombre de cas, et appliquer *quand même* ce principe unique d'*entrée* et de *sortie ?*

Le moyen, le voici : Nous distinguerons trois sortes d'entrées et autant de sorties, que nous désignerons sous les noms de :

64. 1° ENTRÉE ACTUELLE, toutes les fois qu'il entre un objet réel et que l'on peut nommer ou *Marchandises* ou *Caisse*, ou *Effets à recevoir*, ou même *Billet à payer*, suivant la nature même de cet objet ou valeur;

65. 2° ENTRÉE DIFFÉRÉE, toutes les fois qu'il y a de la part du vendeur, délai du payement de l'objet livré. On comprendra facilement que ce délai de payement nous donnant droit sur la personne qui reçoit l'objet et nous est ainsi responsable de sa valeur, c'est aussi le nom même de cette personne qui devra figurer à l'entrée, en remplacement de la valeur qui n'entre pas, mais qui doit entrer plus tard par cette même personne. L'entrée différée devra donc être représentée par la formule : *Doit* PIERRE, PAUL, JACQUES, etc.

66. 3° ENTRÉE NULLE, toutes les fois qu'il y a *perte*, ou sortie *actuelle* d'un objet ou partie d'objet, sans qu'il entre rien et sans qu'il doive rien entrer en échange. En conséquence, l'*entrée nulle* devra toujours se représenter par la formule : *Doit profits et pertes*, à l'entrée.

De même, et par la même raison, les *sorties* devront être classées sous le nom de :

67. 1° SORTIE ACTUELLE d'un objet réel que l'on peut nommer ou *Marchandises*, ou *Caisse*, ou *Effet à recevoir*, ou *Billet à payer*, représenté par l'un de ces noms précédé du mot *avoir*.

68. 2° SORTIE DIFFÉRÉE, toutes les fois que, recevant une valeur, nous en différons le payement, ce qui établit pour notre commettant un droit sur nous que nous devons constater en inscrivant à la sortie le nom de ce créancier, *Avoir* PIERRE ou PAUL, JACQUES, etc.

69. 3° SORTIE NULLE, quand, en échange d'une valeur que nous recevons, nous ne donnons rien; ce qui forme pour

nous un *bénéfice* toujours représenté par *Avoir* PROFITS et
PERTES.

Quelques exemples feront parfaitement comprendre le développement de ce principe.

1er EXEMPLE.

J'achète des marchandises en échange d'argent comptant :

Doivent MARCHANDISES. *Entrée actuelle* d'un objet que je nomme
Marchandises générales.
Avoir CAISSE.......... *Sortie actuelle* d'un objet que je nomme *Caisse.*

2e EXEMPLE.

J'achète des Marchandises, à Rigaud, à terme, c'est-à-dire sans les payer
immédiatement.

Doivent MARCHANDISES. *Entrée actuelle* de *Marchandises générales.*
Avoir RIGAUD.......... *Sortie différée*, représentée par le nom de
RIGAUD, mon créancier.

3e EXEMPLE.

Je perds de l'argent par un vol ou autrement.

Avoir CAISSE.......... *Sortie actuelle* de la valeur appelée *Caisse.*
Doivent PROFITS ET PERTES. *Entrée nulle* ou perte parce qu'il n'entre
rien et ne doit rien entrer ; d'où *Profits
et Pertes.*

Ce principe est si simple qu'une plus longue démonstration
m'en paraît superflue, l'application complète en étant donnée
dans le modèle du Journal, page 114.

OBSERVATIONS.

70. Notre *Brouillard journalisé* diffère, il est vrai, quelque
peu pour la forme, du Journal partie double, tel qu'il a été
usité jusqu'à ce jour dans le commerce ; mais, outre qu'il en
présente absolument tous les avantages comme préparation du
travail à faire sur le Grand-Livre, il a pour lui d'offrir plus
de clarté et d'être d'une rédaction infiniment plus facile, d'autant qu'il n'est, ainsi qu'on peut le voir, qu'une copie parfai-

tement exacte du Brouillard, augmentée seulement d'une marge présentant les noms des comptes auxquels chaque somme doit être portée au Grand-Livre, avec indication, si c'est à la page *Doit* ou d'entrée, ou à la page *Avoir* ou de sortie.

Ainsi le *D.* MARCHANDISES, en marge de l'article du premier janvier, signifie que c'est au compte de marchandise, page *Doit*, qu'il faudra porter la somme de 4,000 fr. qui y est jointe.

1° Le *A.* CAISSE placé au-dessous indique que c'est au compte de caisse, page *Avoir*, qu'il faudra également porter au Grand-Livre la somme de 4,000 fr. qui y est jointe.

2° Le *A.* MARCHANDISE, en marge de l'article du 5 janvier, qui vient après, fait connaître que la somme de 1,200 fr. qui y est jointe, devra être portée au compte de *marchandise*, page *Avoir* (ou de sortie). — Et le *Doit* PORTEFEUILLE placé au-dessous, indique que c'est au compte de *portefeuille*, page *Doit* (ou d'entrée) que sera portée la somme de 1,200 fr., montant du billet que nous avons reçu de Hubert.

3° De même nous saurons par le *A.* HUGOLIN, en marge de l'article du 18, que c'est à la page *Avoir* du compte de Hugolin dans le Grand-Livre que nous devons porter la somme de 5,600 fr., montant total des valeurs (effets et espèces qu'il nous envoie), tandis que le *Doit* PORTEFEUILLE nous avertira de porter au compte de *portefeuille*, page *Doit*, la somme de 5,000 fr., montant des effets N°s 5 et 6, dont nous avons à constater l'entrée en portefeuille. — Et par suite du *Doit* CAISSE, nous constaterons au Grand-Livre, compte de Caisse, page *Doit*, l'entrée en caisse de la somme de 600 fr. complétant ce que nous recevons de Hugolin.

A l'aide de ces simples notes, nous nous trouvons avoir parfaitement rempli le but pour lequel a été inventé le Journal partie double, qui est de préparer et faciliter le transport des sommes aux différents comptes du Grand-Livre.

71. Après cela, de notre Brouillard *journalisé* au journal

usité, la différence est très-faible, puisqu'elle consiste uniquement dans la forme, laquelle, du reste, ne heurte en rien les principes que nous avons émis plus haut.

N'oublions pas, en effet, que c'est uniquement pour faciliter le transport au Grand-Livre des sommes portées sur le Journal, que nous avons adopté pour le Journal cette formule de *Doit* ou *Avoir* TEL OU TEL COMPTE; qu'importe donc que la formule soit placée en dehors ou en dedans du raisonnement? En la plaçant en dehors ou dans une colonne particulière, nous avons l'avantage de pouvoir distinguer d'un coup d'œil les noms des comptes quand il s'agira de porter au Grand-Livre, sans être obligé d'employer des caractères ou plus gros ou différents; ce dont on ne peut se dispenser dans la méthode ordinaire, où les noms des comptes se trouvent mêlés avec les écritures du raisonnement, comme il est facile de le voir dans le modèle ci-contre :

Journal ordinaire (PARTIE DOUBLE)

DES ARTICLES DU BROUILLARD CI-DESSUS.

———————— Du 1ᵉʳ janvier 1853. ————————

MARCHANDISES GÉNÉRALES fr. 4000, A CAISSE.
Les suivantes achetées de Williams Béraud au comptant,
10 Pièces de drap noir fin à fr. 400 .... 4,000 »

———————— Du 5. ————————

PORTEFEUILLE fr. 1,200 A MARCHANDISES GÉNÉRALES.
Vendu à Hubert, de Paris, en échange de son billet à m/o/au 1ᵉʳ mars.
10 Hectolitres vin blanc de Condrieux à fr. 120 .... 1,200 »

———————— Du 8. ————————

Les suivants (ou divers), fr. 5,000 A HUGOLIN de Rouen.
PORTEFEUILLE, les effets ci-dessous :
Lyon, 20 janvier .... 4,000 ⎫
Lyon, 10 février .... 1,000 ⎰ 5,000 ⎱
⎰ 5,000 »
CAISSE, solde en espèces .... 600 ⎭

72. Il est facile de voir, d'après le modèle ci-dessus, que l'unique différence qu'il présente d'avec notre Brouillard journalisé, consiste en ce que les noms des comptes que nous avions mis en marge sont placés dans la colonne de raisonnement, et pour cette raison écrits en plus gros caractères, afin qu'ils puissent se distinguer plus facilement des autres écritures figurant à la même colonne. On remarquera seulement dans l'article du 15 juillet, le mot *les suivants* ou *divers* qui précèdent le *A*. Hugolin ; ils remplacent et préparent les noms de Portefeuille et de Caisse qui viennent après, et que l'on ne pourrait placer plus tôt sans embrouiller le détail et raisonnement explicatif qui doit naturellement venir immédiatement après le nom du compte auquel il se rapporte.

73. Dans le journal partie double ordinaire, ce genre de phrase *Marchandises à Caisse, Marchandises aux suivants,* etc., par lesquelles la *Sortie* dans chaque article est opposée à l'*entrée*, établit ce que l'on a nommé les *formules* ou manière de s'exprimer dans ce système ; leur plus grand vice pour les commerçants, c'est leur obscurité et la facilité de leur renversement par suite duquel on est exposé à porter à l'entrée d'un compte ce qui doit être porté à la sortie, et *vice versâ*, d'où naissent autant d'erreurs très-difficiles à vérifier.

Quant à l'emploi des formules en elles-mêmes, il est beaucoup moins compliqué qu'on pourrait se l'imaginer, pouvant se réduire à trois genres seulement par lesquels on peut représenter tous les cas possibles dans n'importe quel genre d'opération que ce soit.

Le tableau suivant en représente à la fois et les principes et l'application en regard.

Énoncé et Application des Formules usitées pour débiter et créditer les Comptes sur le Journal ordinaire en partie double.

ÉNONCÉ. — PREMIER GENRE D'ARTICLES.

Un seul Débiteur pour un seul Créditeur, — Une seule entrée pour une seule sortie.

FORMULE.

Doit TEL fr....., à TEL..................................

Suit le détail :

EXEMPLE.

APPLICATION. — PREMIER GENRE.

Doit TEL à TEL................................

Doivent MARCHANDISES, fr. 20,000 à CAISSE................
Les suivantes, achetées de Bernard, c/ espèces (et le détail, comme au Brouillard)... 20,000 »

---

74. — ÉNONCÉ. — DEUXIÈME GENRE.

Un seul Débiteur pour plusieurs Créditeurs.

FORMULE.

Doit TEL fr....., aux *suivants*.........................
Et le détail du tel, c'est-à-dire du Débiteur.
A TEL...
Suit le détail du premier Créditeur.
A TEL, et le détail du deuxième Créditeur, et ainsi de suite pour les autres...

APPLICATION. — DEUXIÈME GENRE.

TEL *aux suivants*..................................

EXEMPLE.

Doivent MARCHANDISES, fr. 4,500 aux suivants..............
Achat de celles ci-après, et le détail......................
A PORTEFEUILLE, donné m/ remise, n° 7, Paris, 20 juin 4,000 »
A CAISSE, espèce pour solde................... 500 » } 4,500 »

---

75. — ÉNONCÉ. — TROISIÈME GENRE.

Plusieurs entrées (Débiteurs), pour une seule sortie (Créditeur).

FORMULE.

Doivent les suivants fr.... à TEL, et le détail du Créditeur ou du Tel qui fournit.
TEL, et le détail de la première entrée..................
TEL, et le détail de la deuxième entrée, et ainsi de suite pour les autres Débiteurs.................................

APPLICATION. — TROISIÈME GENRE.

Les suivants à TEL..................................

EXEMPLE.

Les suivants fr. 6,000, à MARCHANDISES GÉNÉRALES, pour vente faite à Rigoot de... et le détail des marchandises vendues.
PORTEFEUILLE s/ B/ à m/ o/ 30 septembre.......... 6,000 »)
CAISSE en espèce........................ 200 » } 6,000 »
GERMAIN, le reste de la facture qu'il me doit payer pour le compte de Rigoot............... 700 »)

---

76. — ÉNONCÉ. — QUATRIÈME GENRE (MIXTE).

Plusieurs Débiteurs pour plusieurs Créditeurs.

FORMULE.

Les suivants aux fr..... suivants, ou divers fr..... à divers..

PRINCIPE.

Nommer en premier lieu tous les *Débiteurs*, en y joignant le raisonnement relatif à chacun ; puis ensuite, tous les *Créditeurs* de la même manière.

APPLICATION. — QUATRIÈME GENRE (MIXTE).

Doivent *Divers* fr. 700 à *Divers*.....................
CAISSE, espèces reçues de Giraud, fr............ 480 »
PORTEFEUILLE, reçu de Vincent, solde, m/ facture, s/ b/ à m/ o/, fin courant, fr................. 250 »
A GIRAUD, pour solde, fr........................ 480 »
A MARCHANDISES GÉNÉRALES, m/ facture à Giraud, vente de 10 mètres velours grenat, à fr. 20.................. 250 »

77. Quoique nous ayons donné le modèle et le principe des articles de *divers à divers*, nous sommes loin d'engager à s'en servir. Outre qu'ils demandent plus de temps et de papier que les autres, ils ont encore l'inconvénient d'obscurcir tout à fait le raisonnement du Journal, de sorte qu'il est très-difficile de s'y reconnaître. Nous conseillons donc d'en faire des articles simples de TEL A TEL ou de TEL AUX *suivants*, ou *les suivants* A TEL, ce qui est très-facile, attendu qu'ils ne peuvent contenir plusieurs entrées et plusieurs sorties que par la réunion de plusieurs opérations en une qu'il suffit de diviser et de reproduire article par article ; ainsi dans l'article mentionné au tableau, il y a réellement deux opérations : 1° l'argent reçu de Giraud, notre débiteur; 2° la vente faite à Rigaud, deux articles simples qui, classés séparément, donneraient les formules :

CAISSE A GIRAUD.

et PORTEFEUILLE A MARCHANDISES,

par le moyen desquelles l'article serait beaucoup plus clair et les rapports plus directs et mieux établis.

Cependant on ne peut se dissimuler que l'emploi de toutes ces formules, dans cette dernière forme du journal ordinaire, ne complique et n'embrouille singulièrement les écritures, surtout par suite de l'attirail de ces mots : *divers, les suivants* dont leur marche est embarrassée.

Ce qui fera sans doute apprécier et adopter avec empressement l'extrême simplicité de la nouvelle forme du journal que j'ai donnée dans mon *Album du comptoir.* (Voir cet ouvrage.)

78. Disons seulement en passant, *qu'outre l'avantage d'économiser le temps et d'apporter dans les écritures une clarté telle que les erreurs y deviennent impossibles,* ou du moins ne peuvent s'y glisser sans être sur-le-champ contrôlées et immédiatement reconnues, *il présente encore au négociant la facilité d'être seul à connaître la situation de ses affaires; et (ce qui est bien plus important) lui permet de s'assurer de la jus-*

tesse et de l'exactitude de toutes les écritures faites par ses employés, *sans avoir même besoin d'inspecter les Livres ;* résultat longtemps cherché, et qu'aucun système n'avait rendu possible. (*En voir le développement dans mon* Album du Comptoir.)

Disposition et rédaction du Grand-Livre.

79. Le Grand-Livre n'étant, ainsi que nous l'avons dit plus haut (voyez page 15), qu'un registre où sont portées à des comptes séparés les *entrées* et les *sorties* des diverses valeurs du commerce, chaque compte doit présenter les renseignements suivants :

1° LA DATE dans la 1re colonne de gauche de l'une et de l'autre page ;

2° L'indication du compte en rapport par le moyen duquel telle valeur est entrée ou sortie ; *quelques-uns ajoutent ici le détail de l'objet pour* faciliter l'intelligence de l'article auquel il se rapporte ;

3° L'indication du folio ou page du journal d'où l'on extrait l'article, afin d'en retrouver les détails au besoin ;

4° La page du Grand-Livre où se trouve ouvert le compte mentionné comme en rapport ;

5° La somme.

(Voir à la page suivante le modèle du GRAND-LIVRE, pour achever de comprendre l'emploi et la disposition de ces renseignements sur le Grand-Livre.)

Pour compléter ce que nous avons à dire sur les Livres principaux, faisons au Grand-Livre le transport des articles ci-dessus. (Voir notre modèle de Brouillard journalisé ou le modèle du journal ordinaire.)

80. 1° DOIT MARCHANDISES 4,000 fr. Je cherche ou j'ouvre au Grand-Livre le compte de *Marchandises*, puis j'y porte sur la page gauche, marquée *Doit*, la somme de 4,000 ;

81. 2° A CAISSE (même article), je cherche ou j'ouvre au Grand-Livre le compte de Caisse, puis j'y porte sur la page droite, marquée *Avoir*, la même somme de 4,000, et *ainsi de suite pour les autres articles dans les mêmes principes.*

Modèle et Disposition d'un Grand-Livre.

DOIVENT			Fo	Fo	MARCHANDISES		GÉNÉRALES			AVOIR.	Fo	Fo		
Fo 1.														
Janvier.	1	A Caisse	1	2	4.000	»	Janvier.	5	Par Portefeuille................		1	3	1,200	»
Fo 2.														
DOIT.		CAISSE							GÉNÉRALE AVOIR.					
Janvier	8	A Hugolin de Rouen..................	1	4	600	»	Janvier.	1	Par Marchandises générales.............		1	1	4,000	»
Fo 3.														
DOIT		PORTEFEUILLE							GÉNÉRAL AVOIR.					
Janvier.	5	A Marchandises générales	1	1	1,200	»	Janvier.	8	Par Marchandises générales........		1	1	1,200	»
	8	A Hugolin de Rouen...	1	4	5,000	»								
Fo 4.														
DOIT.		HUGOLIN							DE ROUEN AVOIR.					
							Janvier.	8	Par divers (plusieurs valeurs fournies).....		1		5,600	»

[illegible]

[illegible] de l'Europe.

[illegible]

[illegible]

[illegible]

[illegible]

[illegible]

TROISIÈME PARTIE.

MANIÈRE DE COMMENCER ET DE FINIR LES ÉCRITURES AUX LIVRES DE COMMERCE.

Inventaire d'Ouverture ou Bilan d'Entrée.

82. Avant de rien porter sur ses Livres, il est essentiel pour le commerçant de dresser son INVENTAIRE ou *État de situation*, *soit active*, c'est-à-dire de ce qu'il possède en diverses valeurs de *marchandises*, *espèces* ou *papiers*, ou même par son droit sur les divers clients portés comme ses débiteurs ; soit *passive*, c'est-à-dire de *ce qu'il doit*, soit en *billets à payer* à des échéances fixes, soit à divers commettants portés comme ses créanciers. De la différence de cet *Actif* et de ce *Passif*, résulte évidemment l'*Actif net* d'où est formé son capital ou droit réel, dont l'augmentation ou la diminution établira à l'inventaire final, le bénéfice ou la perte qui aura résulté des diverses opérations ; en sorte que ce premier inventaire devient comme un point de départ d'où l'on devra mesurer, si je puis m'exprimer ainsi, l'espace parcouru dans la route de la fortune. Ce premier inventaire a été aussi nommé BILAN ou

balance d'ENTRÉE ; les sommes de l'actif et celles du passif
devant y être balancées l'une par l'autre à l'aide du capital ;
cet inventaire peut être établi soit sur le *Livre des Inventaires*,
soit sur une feuille spéciale qui n'en présente que le résumé
plus détaillé. (Voir le modèle n° 6, page 111.) Il n'est point
du tout nécessaire que les écritures de l'inventaire soient
portées sur le Journal ; on peut immédiatement en opérer le
classement sur le Grand-Livre, ce qui est un moyen d'em-
pêcher les employés subalternes d'avoir connaissance du
montant de la mise de fonds, autrement dit du capital du
commerce, et de se mettre ainsi à l'abri, de leur part, d'in-
discrétions souvent très-préjudiciables.

83. Quant aux principes qui doivent diriger ce classement,
on a déjà compris, pour peu que l'on se soit pénétré des explications données précédemment dans la deuxième partie, que
l'*Actif* de l'inventaire représentant le droit du commerçant,
soit sur diverses valeurs, soit sur ses clients, ce droit devra
être mentionné à l'*Avoir* de son compte représenté sous le
nom de *Capital* par le *Débit* de chacune des valeurs qui font
partie de cet *Actif*, de chacun des clients portés comme débiteurs ; de même le *Passif* de l'inventaire représentant le droit
de divers *Créanciers* sur le chef de commerce, c'est-à-dire ce
qu'il doit ; ce droit devra être mentionné à l'*Avoir* de chacun
d'eux par le *Débit* de ce même chef de commerce, toujours
représenté sous le nom de *Capital*. (Voir le modèle de l'inventaire, n° 6, page 111.)

Inventaire de fin d'année ou Bilan de Sortie.

84. Cet inventaire ressemble exactement pour la disposition
à celui d'après lequel on ouvre les livres de commerce (Voir les
modèles n°s 6 et 14 à la fin de l'ouvrage) ; seulement il a besoin
d'être préparé par une BALANCE générale des sommes portées
soit au *Débit*, soit au *Crédit* du Grand-Livre, dans le but de
vérifier les écritures et d'en contrôler l'exactitude et la jus-
tesse.

Balance de Vérification.

MANIÈRE DE LA TROUVER.

85. Pour comprendre les opérations dont se doit composer la *Balance de vérification*, quelques principes sont nécessaires.

Qu'on se rappelle d'abord ce que nous avons dit précédemment, que le Grand-Livre n'est qu'un extrait du Journal dont il doit reproduire toutes les sommes classées par entrées et par sorties ; d'où il résulte que l'ensemble des sommes soit du débit, soit du crédit du GRAND-LIVRE, doit reproduire le même total que celui de l'ensemble des sommes portées à la dernière colonne du Journal ; de là, pour première opération de la Balance, la nécessité *d'une addition générale, soit du Journal, soit du débit et du crédit du Grand-Livre.*

86. Dans le cas où le résultat de ces trois additions ne serait pas le même, il serait évident qu'il s'est glissé des erreurs soit dans le transport, soit dans le classement des sommes au Grand-Livre ; lesquelles erreurs proviendraient 1° ou de ce que quelques articles portés sur le Journal auraient été omis dans le transport au Grand-Livre, ce que l'on reconnaîtra facilement, le total du Journal étant alors plus fort que les deux totaux du GRAND-LIVRE. Dans le cas où les deux totaux du GRAND-LIVRE, quoique justes entre eux, présenteraient des sommes plus fortes que le total du Journal, on en devrait conclure que les erreurs contenues au Grand-Livre proviennent de transposition ou changement de chiffres ; de même que si l'un des deux totaux du GRAND-LIVRE était d'accord avec le Journal sans être d'accord avec l'autre total du même livre, ou si les deux totaux du GRAND-LIVRE étaient inégaux entre eux, l'un présentant une somme plus forte que le total du Journal, tandis que l'autre n'aurait qu'un total plus faible que le Journal, il serait évident que l'erreur proviendrait de sommes portées à la *sortie*, qui devaient figurer à l'*entrée, et vice versâ.*

87. Quel que soit le genre d'erreur qui amène cette différence entre les totaux précités, soit du Journal, soit du GRAND-LIVRE, il n'y a qu'un moyen de le reconnaître, c'est de revoir un à un chaque article du Journal, comparé avec le classement du transport de ces mêmes articles au Grand-Livre. Et comme il est d'usage de marquer d'un gros point toutes les sommes dont le transport et le classement sont bien exécutés, ce travail a reçu le nom de *pointage*.

A mesure que par le moyen du pointage on retrouve une erreur dans les écritures, il faut immédiatement la corriger, non point en biffant ou grattant les sommes erronées, mais en en rétablissant l'équilibre, ce qu'on obtient par le moyen suivant.

88. 1° Si l'erreur provient de ce qu'on aura porté au Débit d'un compte une somme appartenant au Débit d'un autre compte, il faudra alors débiter le vrai compte auquel la somme appartient par le Crédit du compte où elle a été portée par erreur, et où elle sera ainsi annulée par la passation de cette même somme au crédit. Ainsi, supposé que j'aie porté au Débit de Pierre la somme de cent francs appartenant au Débit de Paul, il est clair qu'en rétablissant cette même somme au Crédit de Pierre, j'en annule la dette pour le compte de ce dernier, tandis qu'en en débitant le compte de Paul, je rétablis l'opération telle qu'elle eût dû exister, et corrige les erreurs sans avoir besoin de biffer ni gratter, ce que l'on doit le plus éviter dans les livres de commerce. L'opération serait absolument la même, mais inverse, s'il s'agissait de rétablir au Crédit d'un compte, une somme portée par erreur au Crédit d'un autre; il suffirait d'en débiter le compte où elle aurait été portée à tort, et d'en créditer celui où elle devait être portée véritablement.

89. Il peut arriver aussi que l'erreur provienne d'une somme portée au Débit d'un compte lorsqu'elle devait être portée au Crédit du même compte. On comprend que dans ce dernier cas il ne suffirait pas de créditer le compte du montant de la somme portée par erreur au Débit, attendu que cette opération n'établit qu'un Crédit fictif qui annulle seulement la somme erronée au Débit. Pour que l'opération soit complète, il faut, outre ce Crédit fictif qui annulle le Débit erroné, établir au compte un autre crédit réel qui est celui que l'on devait établir précédemment. Ainsi si j'ai porté au Débit de Paul la somme de trente francs, je suppose que je devais la porter à son Crédit, je commencerai par le créditer fictivement de cette même somme de trente francs, par quoi j'aurais seulement annulé la dette de trente francs que je lui avais établie; il me restera à le porter créditeur des trente francs dont il n'a encore été passé aucune écriture.

90. S'il arrivait qu'on trouvât quelque erreur dans les écritures du Journal, soit parce qu'un article aurait été mal passé, ou que le classement en partie double en aurait été mal établi sur ce livre, il faudrait encore bien plus se garder de biffer ou gratter d'aucune manière; on serait obligé dans ce cas d'ajouter, à la suite des écritures, un article dans lequel on indiquerait l'erreur et d'où elle provient, et par suite duquel s'établiraient les corrections au Grand-Livre. Ainsi pour l'erreur ci-dessus indiquée des trente francs portés au Débit de Pierre, quand ils devaient figurer au Débit de Paul, si cette erreur existait dans les écritures du Journal à la date du 20 février, je suppose, j'établirais à la suite des écritures sous la date du 30 juin, que je suppose être celle de mon inventaire, l'article de cette manière :

Doit Paul 30 fr. à Pierre, pour les objets à lui remis et pour décharger le compte de Pierre de cette somme dont il avait été débité par erreur à la date du 20 février.

De même, si les trente francs avaient été portés au Débit de Paul quand ils auraient dû figurer à son Crédit, et que l'erreur existât sur le Journal, la correction s'en établirait sur ce livre de la manière suivante :

Du 30 juin.

Doit Paul fr. 200 dont fr. 100 à lui-même, pour contre-balancer la même somme de 100 fr. portée par erreur à son Crédit dans l'article de telle date, à tel folio.

En voilà assez sans doute, sur cette manière de rectifier les erreurs et d'opérer le contre-balancement des sommes.

91. Voyons maintenant ce qui a rapport à la préparation de l'inventaire.

Une fois que l'on s'est assuré, à l'aide de la balance de vérification, que les livres ne contiennent aucune erreur, il reste à établir l'Inventaire qui fera connaître les résultats de commerce. Mais comme c'est le compte de Profits et Pertes qui doit les reproduire, il importe, avant tout, de le compléter, soit en le débitant des Pertes, soit en le créditant des Bénéfices à mesure qu'on en reconnaît l'existence en même temps que l'on créditera ou débitera les comptes desquels ces pertes ou ces bénéfices résultent.

92. Ainsi on aura à *débiter* le compte de Profits et Pertes au moment de l'inventaire, 1° du montant des *levées* ou honoraires alloués aux associés du commerce, et aux différents employés de la maison ;

2° Des intérêts dus aux divers commettants avec qui nous serions en *Comptes-Courants ;* en même temps pour constater leur droit sur nous, il faudra en créditer leurs comptes respectifs chacun pour la somme qui lui revient ;

3° Des frais, soit de magasin, *loyer, éclairage,* Prime d'*assurances, ports de lettres,* soit dépenses particulières, de ménage et autres, — soit des pertes sur les négociations (intérêts, etc.), — soit enfin, des pertes résultant d'une différence en moins ou sur les marchandises restantes, ou sur l'argent en caisse, etc., etc.

De même les sommes à porter au Crédit des Profits et Pertes seront 1° les intérêts en notre faveur, 2° l'excédant des marchandises qui restent en magasin comparées avec la balance, 3° les bénéfices sur les négociations et échanges d'effets, etc.

Tout ce travail s'établira en partie double sur le Journal, et se reportera ensuite au Grand-Livre, absolument de la même manière que tout autre genre d'article.

93. Mais comme il pourrait arriver qu'on commît encore quelque erreur dans ces dernières écritures, on aura recours à une nouvelle balance pour s'assurer de leur exactitude. Cette balance, nous l'appellerons *Balance des Excédants*, parce qu'elle se forme des différences du Débit au Crédit de chacun des comptes tant généraux que particuliers, différence d'après lesquelles s'établira la feuille d'inventaire final, et dont le total pour le Débit doit présenter la même somme que leur total pour le Crédit, si ce total est juste, et s'il n'a point été commis d'erreur dans le transport au Grand-Livre. En effet, si d'après le principe de la partie double en *débitant un compte d'une somme, je dois également en créditer un autre de la même somme*, il est clair que cette même somme qui sera en plus au Débit du premier compte, se trouvera en moins au Débit du second ; de là pour chacun un excédant, une différence égale, de l'un à son Débit et de l'autre à son Crédit ; et comme chaque article ne peut être que l'application du même principe, et par conséquent la reproduction des mêmes résultats, on en doit conclure qu'à moins d'erreur dans le transport, l'ensemble des excédants du Débit des comptes au Grand-Livre, doit donner le même total que l'ensemble des excédants du Crédit. Une fois la balance des excédants trouvée, il sera facile d'en former l'*Inventaire*.

94. Les excédants des Débits représentant notre droit, nous donneront notre Actif, tandis que les excédants des Crédits servant à indiquer le droit des comptes sur nous, figureront à notre Passif, moins le compte de capital, lequel ne doit être que le résultat ou la différence de l'Actif sur le Passif réel,

et qui, pour cette raison, ne figurera sur l'Inventaire de même qu'aux excédants, que pour balance. (Voir le modèle de l'Inventaire page 121.)

95. La dernière opération à faire sur les livres de commerce, une fois l'inventaire établi, est celle d'arrêter les comptes au Grand-Livre et de les ouvrir à nouveau. On comprend que si après un inventaire on continuait immédiatement les écritures sur le Grand-Livre, en y portant les sommes nouvelles à la suite des anciennes, sans que rien en établît la séparation, on serait obligé, pour une nouvelle balance et un nouvel inventaire, de refaire l'addition des sommes précédentes, ce qui compliquerait et multiplierait inutilement le travail.

Pour éviter cet inconvénient on établit à l'inventaire le solde ou balance des comptes. Pour cela on porte à chaque compte du côté le plus faible l'excédant donné par le côté le plus fort, et que l'on extrait de la balance des excédants sans avoir besoin de les chercher de nouveau; puis l'on termine par une addition, soit du débit, soit du crédit de chaque compte, addition qui doit figurer immédiatement après les sommes, séparée seulement par un trait à l'ordinaire.

On observera que ce n'est que par supposition que l'on a ainsi prêté aux comptes les sommes qui manquaient pour qu'ils fussent soldés. Il faudra donc reprendre cet excédant pour le reporter du côté où il doit se trouver naturellement comme devant faire partie du nouveau compte dont il doit être la première somme à la suite de laquelle viendront toutes les autres pour continuer les écritures. (Voir ci-après à la fin de l'ouvrage le résumé où nous avons récapitulé toutes les opérations du teneur de Livres, pages 87 et suiv.)

APPENDICE.

DE QUELQUES COMPTES PARTICULIERS EN CERTAINS CAS.

COMPTES D'HONORAIRES, COMPTES DE VOYAGE, DE MAISON DU DEHORS OU A TEL LIEU, COMPTE DE NAVIRE, COMPTE D'ARMEMENT, ETC.

96. Ainsi que nous l'avons dit précédemment dans notre deuxième partie, il peut s'ouvrir dans les livres de commerce autant de comptes à part que l'on a d'objets, de personnes, ou de genres d'affaires sur lesquels on désire conserver des renseignements particuliers. De là l'origine de quelques comptes dont nous n'avons pas encore parlé, et dont il est à propos d'indiquer et de bien déterminer l'emploi. Ainsi ce que l'on donne ou ce qui revient à chaque commis ou employé de la maison pour ses honoraires ou appointements, se porte sur un compte ainsi nommé de son nom UN TEL, SON COMPTE D'HONORAIRES.

A ce compte, le commis est débité par Caisse de ce qu'il reçoit, et crédité par Profits et Pertes à chaque inventaire du montant total de ce que la maison lui alloue. Si ce même commis voyage ou va en foire pour notre service, on comprend qu'il est à propos de ne pas confondre les valeurs qu'on lui confie dans ce cas, avec celles qui lui seraient remises à titre d'honoraires. De là, pour ce même commis dans ce cas, un nouveau compte désigné sous le nom de UN TEL, SON COMPTE DE VOYAGE ou *de Foire*, etc. On le débite 1° au moment du départ, du montant des valeurs à lui remises, par le crédit de

chacune de ses valeurs; 2° au retour, du montant des bénéfices ou des valeurs qu'il a reçues pour notre compte, et dont
par conséquent il nous est responsable ; et on le crédite à son
retour 1° des valeurs rapportées par lui ; 2° des frais et dépenses faites par lui, à moins qu'il ne soit alloué tant par
jour, car dans ce cas il ne devait être crédité que du montant
de cette allocation, le surplus devenant à sa charge.

97. Quelquefois le commis voyageur a pour mission de s'é-
tablir momentanément ou pendant un certain temps dans une
ville, soit pour y faire des achats, soit même pour expédier de
là aux correspondants. Cet établissement qui forme réellement
une seconde maison de commerce, succursale de la maison
principale, se représente ordinairement dans les livres sous
le nom de MAISON A TEL LIEU, *Maison de Paris*, *Maison de
Lyon*, plutôt que sous celui du commis lui-même, qui en est
le gérant; et cela paraît assez convenable, parce que le commis ou gérant peut être changé, sans que pour cela les affaires de la maison changent elles-mêmes. Du reste, les écritures de cette maison se tiennent pour elle absolument de la
même manière que celle de la maison principale, avec les six
comptes généraux et les divers comptes des particuliers avec
qui elle est en relation d'affaires. Mais pour la maison principale la succursale ne doit être considérée que comme un
correspondant particulier que l'on doit *Débiter* 1° de tout ce
qu'on lui remet et envoie; 2° de tout ce qu'il reçoit en notre
nom et pour notre compte, etc.; tandis qu'on aura à la *créditer* de tout ce qu'elle nous remet ou envoie; 3° de tout ce
qu'elle envoie ou remet aux correspondants en notre nom et
d'après notre ordre ou notre autorisation ; 4° de tous les frais
et dépenses faits pour le service de ladite maison.

98. On comprend qu'il est indifférent pour les écritures que
la maison succursale soit ou non fixée dans la même ville ou
au même lieu ; voilà pourquoi un navire qui n'est, si je puis
m'exprimer ainsi, qu'une *Maison mobile*, devra avoir son

compte tenu absolument de la même manière que celui de la *Maison à tel lieu*, ouvert de cette manière : Doit Navire un tel (le Jupiter, par exemple) Avoir. Ce compte sera débité ou crédité absolument de la même manière et dans les mêmes circonstances que celui de *Maison à tel lieu*. Les marchandises ou valeurs qui forment la *Cargaison* ou chargement d'un navire se représenteront à un compte de Cargaison du navire un tel, lequel sera tenu absolument comme un compte de marchandises générales, en conséquence débité ou crédité aux mêmes cas.

99. Et comme on a coutume de désigner sous le nom d'*Armement* les divers objets et outils qui composent le mobilier d'un navire, parce que les armes, canons, fusils, etc., en représentent la principale valeur, c'est aussi sous le nom de compte d'Armement que devra en être établi le compte, lequel, de même que celui des *Meubles et Ustensiles* d'une maison ordinaire de commerce, sera *débité* du montant de tous les objets qui en font partie, et crédité 1° à l'inventaire, de la diminution de valeur qu'ils pourraient avoir subie par suite d'usure ou de détériorations, accidents, etc. ; ou en cas de vente, par le débit des valeurs reçues en échange, etc., suivant les principes donnés pour toute espèce de comptes.

[illegible]

QUATRIÈME PARTIE.

—

DES SOCIÉTÉS DE COMMERCE.

SOMMAIRE.

1° *Des Sociétés momentanées.*

Comptes à Demi, à Tiers, à Quart. — En participation. — Dans quels cas il faut Débiter et Créditer tous ces Comptes. — Définitions. — Modèles, etc.

2° *Des Sociétés proprement dites. — Comptes spéciaux des Associés.*

Formation d'une Société de commerce, etc. — Acte de Sociétés, etc. — Comptes à ouvrir d'après cet acte. — Des Comptes de Fonds, Obligé, Libre, de Levée; Définition, Théorie et Principes, etc. — De quoi les Débiter. — De quoi les Créditer. — Pour les ouvrir. — A l'époque de l'Inventaire pour les solder. — Comptes de Profits et Pertes annuels. — Dissolution d'une Société et Compte de liquidation, son emploi, les Comptes qu'il remplace. Comment le solder.

———

1° Des Sociétés momentanées.

100. Il arrive assez souvent dans l'usage du Commerce, qu'un négociant n'ayant pas assez de fonds disponibles pour faire quelque achat important sur lequel il prévoit devoir réaliser de forts bénéfices, s'entende avec un ou plusieurs autres commerçants pour faire cette opération à frais et risques communs, d'où résulte entre eux une *Société momentanée*, laquelle ne doit avoir de durée que celle de l'opération elle-même de l'achat et de la vente des marchandises qui en sont l'objet. Si l'accord est conclu de manière à ce que chacun doive avoir

une part égale, soit au bénéfice, soit à la perte, l'opération est dite :

1° De *Compte à demi*, quand il n'y a que deux participants.

2° De *Compte à tiers*, s'il y en a trois.

3° De *Compte à quart*, s'il y en a quatre, etc.

Mais si au contraire la part des participants, soit au bénéfice, soit à la perte, est inégale, l'opération est dite simplement *en participation.*

101. Ainsi que nous l'avons vu plus haut page **20**, il est évident que les marchandises achetées ainsi en participation ne peuvent pas être confondues avec les marchandises générales, attendu que les résultats (bénéfices ou pertes) n'en sont point généraux, d'où résulte la nécessité de leur établir un compte à part. Voyons donc la manière de le disposer, et les principes qui peuvent nous servir de guide en cette occasion.

Dans une opération en participation, on a deux choses à constater, 1° l'entrée et la sortie des marchandises elles-mêmes ; 2° notre droit sur nos participants pour les avances que nous pouvons faire du montant de leur part à l'achat, de même que leur droit sur nous pour les avances qu'ils peuvent nous faire du montant de leur part à ce même achat. On voit que je suppose ici le cas le plus ordinaire, du reste, où un seul chef de commerce est chargé de toute l'opération, moyennant l'allocation d'une somme de, de la part des autres participants qui se contentent de verser leur part de fonds, et de retirer plus tard leur part à la vente au prorata de leurs mises ; quoi qu'il en soit, pour arriver à cebut, on est assez généralement dans l'usage d'ouvrir d'abord séparément le compte des *Marchandises en participation*, elles-mêmes, puis d'avoir, pour chaque participant, son compte à part, qui en présente le Débit et le Crédit, comme un compte particulier ordinaire. Mais cette manière est beaucoup trop longue, et nécessite d'établir sur le Journal un grand nombre d'articles dont on peut se dispenser, à l'aide de celle que je propose et que je vais développer.

102. Portons d'abord en principe, ce que personne ne contestera, c'est-à-dire, que chaque participant *doit* sa part, soit à l'achat, soit aux frais qu'il nécessite, de même qu'il a droit à être crédité, soit de sa part de versement, soit de ce qui lui revient sur la vente; d'où il résulte que le montant de l'achat ou des frais sera le point de départ pour établir son Débit, de même que celui de son versement et de la vente, sera le point d'où l'on partira pour établir le Crédit de chacun au prorata de sa participation. Cela posé, qu'on ait d'abord le compte de la participation elle-même, pour y représenter le Débit et le Crédit des marchandises, puis qu'à ce même compte, soit au Débit, soit au Crédit, il soit établi autant de colonnes qu'il y a de participants à l'opération, dans lesquelles colonnes il suffira de faire figurer chaque partie due par chaque participant sur la somme totale de l'article. On aura ainsi l'avantage d'avoir le compte de chaque participant, sur la même page et en regard du compte général de la participation, sans être obligé d'établir, soit sur le Journal, soit sur le Grand-Livre, des articles et un raisonnement spécial pour chacun.

103. Ainsi, d'après ce principe, on n'aura à s'occuper sur le Journal que du Débit et du Crédit de la Participation, sans faire aucunement mention sur ce Livre, du Débit et du Crédit des Participants dont le compte résultera uniquement des sommes portées à la colonne de chacun au Compte-Général de la Participation au Grand-Livre. (Voir le modèle d'un Compte en Participation au Grand-Livre, partie double, page 118.)

Pour résumer ce principe, on aura à *Débiter la Participation:*

1° Du montant de l'achat des marchandises ;

2° Des frais de transports et autres, soit pour l'achat, soit pour la vente, pertes sur la négociation des Billets ou Traites par lesquels on se sera couvert du montant de la part de chaque participant ;

3° De nos bénéfices et des valeurs remboursées à chaque participant après la vente des marchandises.

De même on *créditera la Participation :*

1° Des valeurs reçues de nos participants pour solde de leur part à l'achat, ou des Traites fournies sur eux dans ce but ;

2° Du montant de la vente desdites Marchandises en Participation ;

3° De la perte qui pourrait résulter de cette opération, et pour solde du Compte.

104. Nous ne parlons pas ici de l'ancienne manière usitée pour les Comptes en Participation, et qui consistait à établir la part de la maison en débitant et créditant Marchandises Générales, et à faire figurer le reste des marchandises en un compte spécial sous le nom de Marchandises en consignation de Tel, Tel, Tel (le nom de chaque Participant, etc.). Cette manière étant très-embrouillée par elle-même, et présentant dans certains cas des difficultés et des complications qui exigent une multiplicité d'Écritures, et exposent à de nombreuses erreurs, est déjà abandonnée d'un grand nombre de maisons qui en ont reconnu les inconvénients.

105. Le règlement ou solde d'un Compte à demi, etc., ou en Participation, se fait soit en débitant la Participation ou par le Crédit des valeurs que l'on envoie à chaque participant en remboursement de sa part à l'achat et aux bénéfices, ou par le Crédit du Participant lui-même dans le cas où on ne lui remettrait ou enverrait rien encore, et auquel alors on pour-

rait ouvrir un Compte à part comme à un créancier ordinaire, et aussi par le Crédit de profits et pertes, ce qui nous revient soit pour nos bénéfices, soit pour frais d'emmagasinage, etc. (Voir le modèle, page 118.)

2° Des Sociétés commerciales proprement dites.

106. Les comptes *à demi*, *à tiers*, *à quart*, etc., ou *en participation*, dont nous venons de parler, ne peuvent être qu'improprement considérés comme des sociétés; aussi ne sont-ils pas soumis aux mêmes formalités légales que les véritables sociétés; un simple accord verbal entre les participants, consigné sur les livres, suffit pour les former. Quant aux Sociétés proprement dites, elles ne peuvent s'établir qu'en vertu d'un acte ou contrat authentique déterminant les clauses et conditions de la Société, ainsi que sa durée et la quotité de versement qui doit être effectué par chaque associé, de même que son droit à la répartition des résultats (bénéfices ou pertes) au prorata de la mise de fonds de chacun, et généralement tous les droits et obligations conventionnelles des associés. Cet acte peut être fait sous seing-privé. Ce qui concerne les droits et obligations des associés, soit entre eux, soit envers des tiers, fait partie du droit commercial, et est réglé et déterminé par la loi. (Voyez *Code civil, livre III, titre neuvième, art.* 1832 *et suiv.,* et *Code de commerce, titre troisième, art.* 18 *et suivants.*)

107. Une Société de commerce peut être représentée soit par les noms de tous les associés, et alors elle est appelée *Société en nom collectif.*

La Société en nom collectif peut aussi être représentée par le nom d'un seul associé, les autres étant indiqués par ces mots, *et compagnie* : *Albert et compagnie.*

108. Quelquefois, outre les véritables associés pour un commerce, il peut y avoir encore d'autres personnes qui y ont versé des fonds, moyennant un intérêt de tant pour cent ; mais à la charge par eux de ne rien retirer avant la dissolution de la Société. Cette sorte de mise de fonds dans un commerce est désignée par la loi sous le nom de *Commandite*, d'où l'on a nommé *Commanditaire* celui qui a une commandite dans un commerce.

Le commanditaire d'un commerce n'ayant rien à prétendre dans les bénéfices de commerce, n'est responsable, en cas de pertes, que jusqu'à concurrence du montant de sa commandite ; mais nullement solidaire pour les associés au delà de cette somme. (*Code de commerce, art.* 26) ; il ne peut être en aucune manière employé pour les affaires de la Société, même en vertu de procuration (*id. art.* 27), et son nom ne peut faire partie de la raison sociale (*id. art.* 25).

109. Il ne faut pas confondre la *commandite simple* avec la *Société en commandite* ou *commandite associée*. Dans la Société en commandite l'associé commanditaire a droit au partage des bénéfices au prorata de sa commandite alors représentée soit par un titre appelé action, ou coupons d'action, transmissible comme tout autre effet de commerce ; soit par une inscription sur les registres de la Société, et transmissible par une déclaration de transfert. (*Code de commerce, art.* 36.)

Il peut arriver aussi qu'une Société par actions ne soit désignée par le nom d'aucun des co-associés, mais seulement par celui de son objet, *Société du Gaz, du Chemin de fer*, etc. , auquel on peu joindre quelque autre désignation insignifiante pour les distinguer, *l'Aigle, le Phénix, le Sirius, l'Hirondelle*, etc., etc. Ce genre de Société est appelé par la loi : *Société anonyme*, et ne peut s'établir qu'en vertu d'une autorisation expresse par ordonnance royale. (*Code de commerce, art.* 37.)

110. Pour ce qui est des écritures d'une Société, elles ne diffèrent en rien de celles d'un commerce géré par un seul, soit pour ce qui concerne les comptes généraux de Marchandises, Caisse, etc., soit pour ce qui a rapport aux comptes

particuliers des clients Pierre, Paul, Jacques, etc.; seulement il y a pour les écritures relatives aux associés eux-mêmes quelques modifications que l'usage et la nécessité ont introduites, et qu'il est à propos de faire connaître.

111. On observera d'abord que le compte de *Capital* que nous avons dit représenter le commerçant ou chef de commerce lui-même quand il n'y a pas d'associés, ne représentera dans une Société que le commerce lui-même ou l'ensemble de la Société ou raison sociale.

En conséquence, les droits ou les obligations personnelles de chaque associé devront être constatés à des comptes particuliers sous leur nom ; je dis des comptes, car un seul ne suffirait pas pour chaque associé.

112. Ainsi d'après l'acte de Société, chaque associé s'engage à verser en commerce, à titre de mise de fonds, une somme de, dont le versement s'effectue rarement en totalité à l'ouverture du commerce, mais au contraire a lieu, le plus souvent, par sommes partielles, dans un espace de temps donné. Il est clair que d'après cet engagement l'associé est devenu débiteur du commerce représenté sous le capital, lequel débit il est d'usage de constater à un compte nommé Compte de fonds, et établi ainsi :

DOIT *N/S un tel son compte de fonds.* AVOIR.

113. Il peut arriver qu'il soit convenu entre les associés qu'une partie de leur versement de fonds leur portera un intérêt annuel de tant pour cent. Pour distinguer cette partie de la mise de fonds qui doit porter intérêt et afin d'en faciliter les calculs, on est dans l'usage d'en établir le compte à part sous le nom de *Compte courant obligé* que l'on ouvre ainsi :

DOIT *N/S un tel son compte courant obligé.* AVOIR.

114. Cependant cette division du compte de fonds ne nous paraît pas indispensable, attendu qu'il serait presque aussi facile de calculer les intérêts du compte courant obligé, lors même que le montant n'en serait pas séparé du Compte de fonds proprement dit; l'acte de Société réglant et désignant la somme qui doit porter intérêt dans la mise de fonds, il suffirait d'en calculer les jours à partir du complet versement de la mise de fonds proprement dite, vu que la mise de fonds et celle en compte courant obligé, une fois effectuées, ne peuvent être ni augmentées ni diminuées, jusqu'à l'époque de la dissolution de société.

115. Outre le versement de fonds déterminé par l'acte de Société, les associés s'accordent le plus souvent mutuellement la faculté et le droit de pouvoir mettre à l'usage de leur commerce, jusqu'à concurrence d'une somme déterminée, les fonds qu'il pourraient avoir de disponibles pendant la durée de la Société, avec facilité de les retirer à volonté en tout ou en partie; l'intérêt de ces fonds devant leur être compté, par le commerce, à un taux déterminé, pour le temps qu'ils y seront restés. Ce versement, vu les conditions ci-dessus indiquées, ne peut évidemment faire partie de la mise de fonds; il a donc fallu en former un compte à part, lequel a reçu le nom de *Compte courant libre.*

DOIT *N/S un tel son compte courant libre.* AVOIR.

116. Comme il est ordinairement stipulé dans l'acte de Société que les bénéfices doivent rester au commerce jusqu'à la fin de la Société, sans qu'aucun associé puisse en retirer sa part avant cette époque, les associés sont dans l'usage de s'allouer tant par mois ou par an pour leurs frais particuliers.

Ces espèces d'honoraires, qui ne sont, par le fait, qu'un prélèvement sur les bénéfices présumés du commerce, ont reçu le nom de *levées;* de là un nouveau compte pour constater soit ce que chaque associé a reçu, soit ce qui peut lui être dû à ce titre. Ce compte s'établit ainsi :

DOIT. *N/S un tel s/ comptes de levées.* AVOIR.

Les *Levées* ou honoraires des associés peuvent être inégales, mais il faut toujours que le montant en soit déterminé par l'acte de société. (*Voir l'emploi en action des divers comptes des associés dans le modèle* n° 11, page 116.)

117. Pour résumer ce que nous avons à dire sur chacun des quatre comptes des associés,

LE COMPTE DE FONDS de chacun devra être *Débité* de la somme à verser par lui à ce titre, et *crédité* de toutes celles versées pour satisfaire à son obligation.

LE COMPTE COURANT OBLIGÉ sera *débité* de la même manière de la partie de mise de fonds qui devra porter intérêt, et crédité des divers versements effectués.

LE COMPTE COURANT LIBRE sera *crédité* 1° de tous les versements faits par l'associé en plus du montant de sa mise en compte de fonds et en compte courant obligé, 2° de toutes les *levées et intérêts* échus que l'associé ne prendrait pas, 3° (lors de la dissolution de la société) du montant à retirer par lui, soit pour remboursement de ses mises de fonds et de sa part des bénéfices. Le même compte sera *débité* de toutes les sommes que l'associé retirerait à ce titre.

Enfin, LE COMPTE DE LEVÉES sera *débité* de toutes les sommes prises par l'associé pour ses frais, et *crédité* aux époques d'inventaire du montant total des levées échues à cette époque, lors même qu'il les aurait déjà retirées.

Du Compte d'Inventaire ou Profits et Pertes annuels.

118. Ainsi que nous l'avons dit plus haut, le capital d'une société est déterminé et fixé par l'acte ou contrat qui en établit l'existence ; il en résulte qu'il ne peut subir aucun changement de valeur, augmentation ou diminution, jusqu'à ce que la société soit dissoute. Par conséquent, il ne doit être aux époques d'inventaire, ni débité des pertes du commerce, ni *crédité* des bénéfices, ainsi que cela se pratique quand il n'y a pas d'associé. Cependant, comme malgré cela, il est indispensable à ces mêmes époques de solder et de balancer le compte de Profits et Pertes généraux ou *journaliers*, il a fallu établir un nouveau compte qui représentât ce résultat annuel du commerce. Ce compte a reçu pour cette raison le nom de compte de PROFITS ET PERTES ANNUELS. Il serait peut-être mieux nommé *Compte d'Inventaire*, soit parce que quelques maisons font un inventaire tout les six mois, soit parce qu'ainsi on éviterait la confusion qui peut résulter de l'emploi répété pour deux comptes différents de ces mots *Profits et Pertes*.

Quoi qu'il en soit, le but de ce compte étant de représenter soit l'augmentation annuel du Capital, par les bénéfices résultant de l'Inventaire, soit sa diminution par les pertes qu'il pourrait présenter, on aura à le *créditer* 1° par le débit de Profits et Pertes, du bénéfice indiqué par l'excédant de l'Avoir de ce dernier compte, et pour le solder; 2° après la dissolution de la société par le crédit de Capital, de l'excédant de l'Avoir, sur le débit de ce même compte de *Profits et Pertes annuel* ou *Inventaire*, et pour le solder.

Dissolution d'une Société. — Compte de Liquidation.

119. Une société de commerce finit, soit 1° par l'expiration

du temps de sa durée, soit 2° par la mort naturelle ou civile de l'un des associés, ou par l'absorption ou perte du Capital qui le constituait. Quelle que soit la cause pour laquelle une société commerciale est dissoute, il convient, une fois la dissolution arrivée, d'en opérer la *Liquidation;* on entend sous ce nom, l'opération de toutes les rentrées et l'annulation et paiement de toutes les dettes. Pour cela, il est ordinairement établi un *Liquidateur* ou personne chargée d'opérer ainsi le solde du commerce, et, comme à cette fin on lui confie toutes les valeurs actuellement en commerce, il en résulte le solde de tous ces comptes par le débit du liquidateur lui-même, à un compte appelé COMPTE DE LIQUIDATION, lequel n'est autre que le compte particulier du liquidateur. Le liquidateur, excepté en cas de faillite de la société ou d'héritiers mineurs, est souvent l'un des associés, lequel est, dans ce cas, censé prendre la suite du commerce à des conditions convenues à l'amiable. Dans tout autre cas le liquidateur est nommé par le juge, avec les formalités ordinaires.

120. Ainsi le compte de liquidation sera *débité* 1° du montant de toutes les valeurs actives, *marchandises, papiers deportefeuilles, espèces et meubles* actuellement au pouvoir de la société lors de la dissolution, dont les comptes se trouveront alors soldés par celui de liquidation; 2° au fur et à mesure des rentrées opérées par le liquidateur, du montant de ces mêmes rentrées, quelle qu'en soit la nature, *papiers* ou *remises*, etc., par le *Crédit* des clients ou commettants, de qui proviennent ces valeurs. Le même compte sera crédité de tous les paiements que fera le liquidateur, par le débit des clients ou commettants, à qui ces paiements seront faits, en quelle nature qu'ils soient effectués, *papiers* ou *argent*, etc. Pour les pertes qui pourraient résulter de la liquidation, de même que pour les émoluments ou honoraires alloués au liquidateur, on en débiterait un comptes de *Profits et Pertes de liquidation*, lequel devra, en conséquence, être *crédité* des bénéfi-

ces qui pourraient résulter des opérations du liquidateur, par le débit de la liquidation.

121. *N. B.* On comprend que le liquidateur ayant dans sa liquidation des valeurs de diverses natures : marchandises, papiers, argent, peut ouvrir, pour sa propre satisfaction, un compte à chacune de ces valeurs, absolument comme dans un commerce ordinaire dont il serait le gérant, quoique ces comptes ne doivent plus exister sur les livres de la société.

FIN DE LA QUATRIÈME PARTIE.

CINQUIÈME PARTIE.

DES LIVRES ET ÉCRITURES AUXILIAIRES.

SOMMAIRE.

Définition, Utilité, Emploi. — Le Livre de Caisse. — Livre de Marchandises ou Entrées et Sorties. — Livre des Traites et Remises ou Enregistrement des Effets. — Le Carnet d'Échéance. — La Copie de Lettres. — Le Livre des Frais généraux. — Livre d'Annotations et Profits et Pertes. — Livres des COMPTES COURANTS D'INTÉRÊTS. — Théorie, Définition, Modèles, etc.

Récapitulation. Guide pratique du Teneur de Livres. Questionnaire.

Quoique les trois Livres, *Brouillard*, *Journal* et *Grand-Livre*, dont j'ai développé l'emploi dans les parties précédentes de cet ouvrage, puissent rigoureusement suffire à tout commerçant, soit pour satisfaire à la loi, soit pour lui donner tous les renseignements qui l'intéressent pour la bonne gestion de son commerce, il en est beaucoup d'autres en usage chez la plupart des commerçants ; mais, ainsi que je l'ai indiqué dans mon *Livre du commerçant en détail*, ils ne sont et ne peuvent être que comme des *feuillets détachés* de l'un ou de l'autre des trois livres ci-dessus indiqués ; ils n'ont pour objet que de diviser le travail dans les maisons qui ont beaucoup d'employés, ou d'éviter de trop compliquer les écritures de détail aux livres principaux. Ils ont reçu pour cette raison le nom de livres *auxiliaires* ou livres *d'aide*. Leur nombre n'est point limité, il peut y en avoir autant qu'il y a de comptes généraux, autant même qu'il y a de subdivisions possibles pour chacun de ces comptes, au gré de chaque commerçant. Les plus usités sont : le livre de CAISSE, le livre d'ACHATS ou

Entrée des marchandises, le livre de VENTE ou *Sortie des marchandises*, le livre des TRAITES ET REMISES ou *Enregistrement des effets* de portefeuille, le CARNET DES ÉCHÉANCES tant pour ce qui est *à payer* que pour ce qui est *à recevoir*, le COPIE DE LETTRES, le livre des FRAIS GÉNÉRAUX et enfin le livre des COMPTES COURANTS D'INTÉRÊTS. Ces différents livres n'étant, pour ainsi dire, que des comptes ordinaires ouverts chacun sur un registre séparé, les mêmes principes donnés précédemment pour les comptes du Grand-Livre doivent en diriger les écritures; mais comme ils présentent quelques différences pour les dispositions et les détails à y établir, nous allons voir successivement ce qui a rapport à chacun.

1° Du Livre *auxiliaire* de Caisse.

123. Il y a peu de maisons de commerce un peu importantes qui n'aient un commis spécialement chargé de la direction de la Caisse, soit pour recevoir les rentrées, soit pour opérer les paiements. Ce commis, appelé caissier, a ordinairement à son usage un registre sur lequel il note toutes les valeurs en espèces et billets de banque qu'il reçoit, de même que toutes celles qu'il donne. Tels sont l'origine et l'emploi du *Livre de Caisse*, lequel ne diffère du compte de Caisse du Grand-Livre, qu'en ce qu'il présente de plus que le compte du Grand-Livre, tous les détails relatifs à l'entrée et à la sortie de l'argent du commerce, absolument comme un article de Brouillard ou de Journal. La réglure en est tout à fait conforme à celle du Grand-Livre; et, comme tout compte du Grand-Livre, il doit être tenu de même sur deux pages ou deux colonnes, l'une de DOIT pour l'*Argent reçu*, l'autre de AVOIR pour l'*Argent donné*. Il sert de brouillard pour toutes les opérations de Caisse, que l'on peut ainsi passer chaque jour au *Journal général* en un seul article, de cette manière :

CAISSE aux suivants, fr., etc.

Montant des rentrées de ce jour :

A tel   fr... etc., et le détail,

A tel   fr... etc.   etc.,

Les suivants   fr...... A CAISSE.

Paiement de ce jour comme suit :

Tel   etc., comme nous avons vu au tableau l'explication des formules Tel à Tel, etc.

Voir, pour l'intelligence complète de ce qui a rapport au Livre auxiliaire de CAISSE, *le modèle n° 16,* page 122.

Outre ce premier livre auxiliaire de Caisse, la plupart des commerçants en ont un autre appelé PETITE CAISSE, tenu absolument de la même manière que le grand Livre de Caisse, mais seulement pour les menues dépenses de la maison, dont le détail ne doit pas figurer sur le premier, attendu qu'il serait trop minutieux et exigerait trop d'écritures. La *Petite Caisse* a donc uniquement pour but d'indiquer l'emploi détaillé de l'argent pris en plus forte somme à la *Grande Caisse,* laquelle doit lui servir de contrôle, sans aucun rapport avec les écritures du *Journal.*

Du Livre auxiliaire d'*Achats* ou entrée des Marchandises.

124. Pour constater l'*entrée des marchandises,* ou *les achats,* il pourrait suffire d'en conserver, par ordre de date, les factures qui en sont livrées par les commettants, soit en liasse, comme cela se pratique chez un grand nombre de détaillants, soit piquées ou collées sur un registre de papier gris avec des folios numérotés, ce qui permettrait de les retrouver avec plus de facilité. Quoi qu'il en soit, beaucoup de commerçants sont dans l'usage d'en faire un relevé sur un livre à part, soit par crainte que les factures elles-mêmes ne s'égarent, soit afin de cacher à leurs employés le nom des maisons qui leur fournissent des marchandises, en même temps que les prix auxquels elles leur sont livrées.

Telle est l'origine du livre auxiliaire d'Achats, lequel, ainsi qu'on le comprend, n'est qu'un relevé presque textuel de chaque facture du commettant. (*Voir au livre auxiliaire des* MARCHANDISES, *modèle n° 15*, page 122, *la manière d'établir la réglure d'un livre d'achats, et d'en disposer les écritures.*)

Du Livre auxiliaire de Ventes ou sortie des Marchandises.

125. Ce livre, appelé aussi *Brouillard de vente*, n'a pour but que de présenter, séparément des autres écritures, le détail des diverses factures de marchandises livrées aux clients du commerce, pour en indiquer la sortie. De même que le livre d'Achats, il ne diffère du compte de Marchandises ouvert sur le Grand-Livre, qu'en ce que, de même qu'une facture, il présente tous les détails relatifs aux marchandises, *nature, quantité, qualité, poids, prix*, etc. On comprend que, ainsi que le livre d'Achats, ce livre, tenu proprement, peut décharger le Journal en dispensant d'y relever aucun détail, pour lesquels on peut, en conséquence, renvoyer à l'un ou à l'autre de ces deux livres, ce qui abrége les écritures du Journal, et lui permet de présenter plus directement les résultats du commerce. Les renseignements que doit présenter le livre de Ventes sont donc précisément ceux d'une facture.

Quelques commerçants sont dans l'usage de réunir tous les renseignements relatifs aux marchandises en un seul registre, lequel prend dans ce cas le nom de *Livre d'Entrée et de Sortie;* mais il ne diffère en aucune autre manière des deux livres d'Achats et de Ventes ci-dessus. Aussi notre *modèle n° 15*, page 122, présente-t-il ces deux emplois en un seul livre.

Du Livre des Traites et Remises.

126. Ainsi que nous l'avons dit dans les *Notions* préliminaires en tête de cet ouvrage, les valeurs en papier ou *effets à recevoir* d'un commerçant, proviennent ou de billets souscrits

à son profit par un tiers de qui il les a reçus, et dans ce cas on peut les désigner sous le nom de REMISES, c'est-à-dire *valeurs remises;* ou *d'ordres* créés par lui sur son débiteur, et dans ce cas on les désigne sous le nom de *Traites.* Mais comme toutes, soit les unes soit les autres, elles désignent des valeurs à recevoir, c'est avec raison qu'on les a classées à un même compte sous les deux noms réunis de *Traites et Remises.* Le Livre des *Traites et Remises* n'est donc que l'enregistrement détaillé de l'entrée et de la sortie des valeurs à recevoir, et c'est par le détail seul qu'il présente de plus que le Grand-Livre, qu'il diffère de ce dernier registre. De même qu'un compte du Grand-Livre, il doit être tenu sur deux pages en regard, celle de gauche pour les Effets entrés, celle de droite pour ceux sortis. Les détails relatifs aux effets et que, par conséquent, il doit présenter, sont : pour *l'entrée,* 1° le numéro d'ordre, 2° la date, 3° la nature de l'effet (*Billet, Mandat* ou *Traite*), 4° *l'époque de la création,* 5° *le nom du Tireur* ou *Souscripteur,* 6° *à l'ordre de qui,* 7° *le nom du Tiré* ou *Débiteur,* son domicile, etc., 8° *l'époque de l'échéance,* 9° enfin *le montant.* — Et pour la *sortie,* 1° *la date* de la sortie, 2° *à qui remis* ou négocié (nom et domicile), 3° *le montant.* Une autre différence que présente le Livre auxiliaire des Traites et Remises d'avec le compte du même nom au Grand-Livre, c'est qu'au Grand-Livre, les Effets s'y portent, soit à l'entrée, soit à la sortie, comme tout autre article, par ordre de date, sans laisser aucun intervalle blanc, tandis qu'au Livre des Traites et Remises, les sorties y sont constatées par ordre de numéros, en sorte que tant qu'un billet de tel numéro n'est pas sorti, sa ligne reste vide à la page et aux colonnes de sortie. (*Voir, pour l'intelligence complète de la pratique des principes ci-dessus, l'application qui en a été faite au modèle n° 17,* page 122.)

Du Carnet des Échéances.

127. Il est essentiel pour un commerçant de se bien rappeler les Échéances, soit des Effets qu'il a à recevoir, soit des

Billets ou Traites qu'il a lui-même à payer; de là l'origine du Carnet des Échéances; mais les écritures n'en sont plus seulement auxiliaires, mais bien indispensables.

L'usage le plus ordinaire est d'en réserver toutes les pages de gauche pour les valeurs à recevoir, ce qu'on indique par ces deux mots inscrits en gros caractères en tête de chaque page :

A RECEVOIR.

De même que toutes les pages de droite étant réservées pour représenter les époques ou échéances de ce que l'on a à payer, cette destination est indiquée en gros caractères sur chacune par ces mots :

A PAYER.

Nous avons donné, dans notre Album du Comptoir, le modèle d'une nouvelle disposition de carnets d'échéances qui a été assez goûtée par un grand nombre de commerçants et de teneurs de Livres; elle a l'avantage de présenter d'un coup d'œil et en regard sur la même page, les différents mois de l'année. (Voir le *modèle, n° 7, page 112.*)

Du Copie de Lettres.

128. Ce livre, ainsi que l'indique son nom, n'est autre qu'un registre sur lequel on copie toutes les lettres que l'on adresse à ses correspondants, soit pour leur demander des envois, soit pour débattre des prix et leur faire des offres. Indépendamment de l'*obligation* que la loi impose à tout commerçant de copier ses lettres à ses commettants, il est très-essentiel, pour ses intérêts, de le faire avec exactitude, de même que de conserver avec soin toutes celles qu'on lui adresse, car c'est souvent pour lui le seul moyen de pouvoir prouver la justice de ses réclamations, ou de pouvoir s'opposer à des prétentions injustes ou erronées. Ce livre est donc beaucoup plus important qu'on ne le croit généralement; il sert de complément aux écritures du Journal, ainsi que je l'ai dit dans mon Livre du commerçant en détail, et tenu avec

exactitude, il peut éviter, entre les commerçants, de fâcheuses et souvent ruineuses contestations.

Les moyens faciles et prompts que l'on a découverts dans ces derniers temps de copier les lettres de commerce, ne laissent point d'excuse à ceux qui auraient la négligence de s'en dispenser.

Du Livre des Frais généraux, Frais particuliers, d'Annotations, etc.

129. Les pertes ou frais d'un commerce, que nous avons vu devoir être classées au compte de *profits et pertes*, peuvent résulter soit des dépenses générales nécessaires pour l'exploitation du commerce : *loyer*, *honoraires* d'employés ou de commis, *ports de lettres*, etc., soit des *dépenses particulières* du chef de commerce, soit des *rabais, escomptes, pertes, faillites*, etc. Il est clair qu'un commerçant peut vouloir se rendre compte séparément de ces différentes natures de frais et pertes, soit pour réduire les uns, soit pour parer aux autres si cela est possible. De là l'établissement de trois catégories ou divisions des profits et pertes, catégories qui peuvent même être tenues sur des registres séparés, au gré du commerçant.

130. Ainsi, il peut s'établir un livre ou compte de *Frais généraux* pour toutes les dépenses générales ci-dessus mentionnées, un livre de *Frais particuliers* pour toutes les dépenses particulières et pour celles faites pour l'entretien de sa maison et de sa famille. Et, enfin, un livre d'*Annotations*, pour y porter toutes les *pertes, rabais, escomptes, faillites*, etc. dont il peut être victime. Ces différents livres ou comptes auxiliaires sont tenus comme le compte général de Profits et Pertes, sous un nom différent, mais sans plus de difficultés. Si ce ne sont que des comptes ouverts à part sur le Grand-Livre, ils se soldent à l'époque de l'inventaire les uns et les autres par celui de Profits et Pertes, l'excédant du débit se portant au crédit du compte auxiliaire par le débit de Profits et Pertes, et l'excédant du crédit se portant au débit du compte

par le crédit de Profits et Pertes, suivant le principe établi dans notre troisième partie pour les comptes qui se soldent par profits et pertes, à l'ordinaire.

DU LIVRE DES COMPTES COURANTS D'INTÉRÊTS.

131. Nous avons vu dans nos notions préliminaires qu'il est d'usage entre les banquiers et les négociants, de remettre à leurs clients des traites ou lettres de change sur des banquiers d'une autre ville, et que c'est le moyen le plus usité dans le commerce de faire passer ses fonds d'une ville à une autre. Il est évident que ces banquiers doivent se tenir mutuellement compte, soit des sommes qu'ils ont ainsi payées pour le compte de leurs correspondants, soit de celles qu'ils en ont reçues ou qui ont été payées par le correspondant pour leur propre compte; d'où résulte la nécessité d'établir à chacun de ces correspondants un compte au Grand-Livre, comme pour tout autre débiteur ou créancier ordinaire. Mais comme dans le commerce de banque, toutes les sommes ainsi avancées pour le correspondant doivent porter intérêt pour celui qui les fournit, ce qui n'arrive pas toujours dans le commerce des marchandises, il a fallu que les comptes des correspondants de banque fussent établis de manière à permettre de calculer avec facilité l'intérêt respectif de chaque somme; de là une nouvelle catégorie de comptes appelés *Comptes courants* d'intérêt, ou simplement *Comptes courants*. Et comme il est d'usage chez beaucoup de commerçants d'établir ces comptes sur un registre séparé dont la réglure est disposée exprès d'une manière conforme aux renseignements que ces comptes doivent représenter, ce registre a reçu le nom de *Livre des Comptes courants*.

132. Les renseignements que doivent présenter les comptes courants sont d'abord ceux de tout compte ordinaire ouvert au Grand-Livre, c'est-à-dire 1° la date de chaque article;

2° le raisonnement explicatif de l'opération; 3° la somme.
Mais comme bien souvent l'intérêt d'une somme ne commence
à courir qu'à partir d'une époque convenue, laquelle est postérieure au versement, il convient aussi qu'il y ait une colonne
où figure l'indication de cette époque, laquelle prend le nom
d'*échéance*, et comme à l'époque du réglement du compte, il
s'est écoulé pour chaque somme, à partir de son échéance, un
certain nombre de jours, desquels l'intérêt doit être calculé,
il convient qu'il y ait encore au compte une autre colonne
spéciale pour y énumérer ce nombre de jours, ce qui donne
déjà cinq colonnes : 1° celle de *la date*; 2° celle de *la somme*;
3° celle du *raisonnement*; 4° celle de l'époque d'*échéance*; 5° celle
du *nombre de jours* Et comme la méthode ordinaire pour
calculer l'intérêt d'une somme est de multiplier chaque somme
par le nombre de jours d'intérêt, d'où résulte un produit de
nombres fictifs, sur lesquels on doit chercher l'intérêt réel,
une dernière colonne est encore nécessaire pour représenter
ces nombres, et on l'a nommée, pour cette raison, *colonne des
nombres*, ce qui fait six colonnes en tout pour le débit et autant pour le crédit de chaque compte courant.

*L'inspection des modèles n°⁸ 18 et 19, page 124, fera com-
prendre, mieux que tous les développements, le tracé et l'emploi
des diverses colonnes d'un compte courant.*

Des diverses Opérations à faire pour calculer l'Intérêt d'un Compte courant.

MARCHE PROGRESSIVE, MARCHE RÉTROGRADE, ETC.

133. TROIS circonstances différentes peuvent se présenter
à l'époque du règlement d'un compte courant, lesquelles en
doivent modifier les opérations.

En effet, il peut arriver 1° *qu'aucune des échéances du compte,
soit au débit, soit au crédit, ne dépasse l'époque fixée pour la clôture* du compte; 2° *qu'il n'y ait que le débit ou que le crédit qui
présente quelques échéances postérieures à l'époque arrêtée pour la*

clôture du compte; 3° enfin *qu'il se rencontre à la fois au débit et au crédit de ces échéances postérieures à l'époque de la clôture du compte.*

134. *Dans le premier cas*, c'est-à-dire quand aucune des échéances du compte, soit au débit, soit au crédit, n'est postérieure à l'époque fixée pour la clôture, les opérations à faire pour calculer l'intérêt et régler le compte sont les suivantes :

1° *Chercher le nombre de jours d'intérêt* de chaque somme, c'est-à-dire ceux écoulés depuis chaque échéance jusqu'à l'époque fixée pour la clôture du compte, et porter le nombre trouvé dans la colonne n° 5, dite *colonne des jours*. *Cette opération se fait pour chaque somme, soit au débit, soit au crédit du compte;*

2° *Multiplier séparément chaque somme*, soit du débit, soit du crédit, par son nombre de jours trouvés, et en *porter le produit dans la* colonne n° 6, dite *colonne des nombres fictifs ;*

3° *Additionner successivement les nombres* portés dans la colonne n° 6, soit du débit, soit du crédit, et porter la différence du côté le plus faible ;

4° Diviser la différence des nombres par le commun diviseur convenu suivant le taux, pour trouver l'intérêt du compte, lequel intérêt on portera dans la colonne des sommes, du côté opposé à celui où l'on a déjà porté la balance des nombres ;

5° *Additionner* successivement la colonne des sommes au débit et au crédit et porter la différence du côté le plus faible par balance ; *faire le total des sommes et des nombres, soit du débit, soit du crédit,* puis solder le compte comme un compte ordinaire du GRAND-LIVRE et le rouvrir à nouveau de la manière que nous avons indiquée pour ces comptes.

NOTA. On remarquera que pour abréger les calculs, beaucoup de Commerçants et de Teneurs de Livres sont dans l'usage, en posant les nombres fictifs à leur colonne, d'en retrancher les deux derniers chiffres de chaque nombre, sans que cela change rien au résultat; ces nombres n'étant que fictifs et la différence devant toujours rester la même, vu que l'opération se fait des deux côtés, suivant ce principe reconnu en arithmétique, *qu'en ajoutant ou en retranchant à deux nombres inégaux une somme égale, on n'en change point la différence.* Seulement pour maintenir le même rapport et la même proportion, il faut également retrancher les deux derniers chiffres du commun diviseur usité pour l'intérêt.

135. *Dans le second cas,* c'est-à-dire quand il se rencontre ou au débit ou au crédit du compte, des sommes dont l'échéance est postérieure à l'époque fixée pour la clôture et l'arrêté du compte, il est clair, si elles sont au débit, que l'intérêt, loin d'en être dû par le compte, lui est au contraire dû à lui-même; tandis que si elles sont au crédit, il les doit lui-même, bien loin qu'il puisse en être créancier. De là, la nécessité, pour rétablir leur véritable situation, d'en reporter l'intérêt du côté opposé à celui où elles se trouvent, tout en le déduisant de celui où elles figurent encore. Voilà pourquoi les nombres (à la deuxième opération ci-dessus indiquée) en doivent être écrits d'abord d'une manière différente à leur colonne, pour ne pas être confondus avec les véritables nombres portant intérêts. L'usage s'est donc établi de les écrire avec de l'encre rouge, d'où ils ont été nommés *nombres rouges;* mais il suffirait de les écrire d'une écriture différente, pourvu qu'ils fussent distingués et différenciés des autres.

Par conséquent, dans ce second cas, avant de faire l'addition des deux colonnes de nombres, qui constitue la troisième opération pour le compte précédent, on aura à additionner ensemble les différents nombres écrits à l'encre rouge dans la colonne des nombres, pour en porter le total à l'encre ordinaire du côté opposé, toujours dans la colonne des nombres; puis l'on poursuivra et terminera absolument comme dans le premier cas, à partir de la troisième opération inclusivement.

136. *Dans le troisième cas,* c'est-à-dire, quand il y a à la

fois, au débit et au crédit, des échéances postérieures à l'époque de l'arrêté du compte, la manière d'opérer est absolument la même que dans le second, avec cette seule différence qu'il se trouvera des nombres rouges à la fois au débit et au crédit, lesquels devront figurer chacun ou en total à l'encre ordinaire du côté opposé, comme indiquant des intérêts à l'inverse de leur position. (*Voir le modèle n° 18, page 124.*)

Les opérations que nous venons d'indiquer, ayant pour moyen comme pour but de calculer des intérêts pour un temps échu, forment ce que l'on a nommé la *marche progressive*, comme opérant ses calculs *en avant*, à partir de l'échéance de chaque somme, jusqu'au jour de la clôture du compte, qu'il faut nécessairement connaître pour pouvoir établir le nombre des jours d'intérêt de chaque somme; d'où résulte une agglomération de calculs, souvent très-incommode quand on a un grand nombre de comptes courants à régler en même temps et à la même époque, sans parler de l'inconvénient de recommencer tous les calculs, au cas où cette époque viendrait à être changée. Voilà pourquoi, dans les derniers temps, il a été cherché et trouvé un moyen de remplir d'avance, dans les comptes courants, la colonne des jours et celle des nombres sans connaître l'époque de la clôture du compte ; de manière à ce qu'une fois cette époque connue et arrivée, on n'eût que peu de calculs à établir pour arriver à un complet règlement d'intérêts. Ce moyen le voici. Voyons d'abord les principes qui lui servent de base.

***

Théorie de la pratique *dite* Marche rétrograde

POUR LE RÉGLEMENT DES COMPTES COURANTS D'INTÉRÊTS.

137. Dans la pratique que nous venons de développer pour le règlement des comptes courants, et que nous avons dési-

gnée sous le nom de *Marche progressive*, les calculs s'établissent, ainsi que cela est le plus naturel, pour les jours d'intérêts échus, ce qui est facile si l'on connaît l'époque de l'arrêté du compte ; mais cette époque n'étant pas connue, comment calculer un nombre de jours qui n'est point encore déterminé ? Pour y arriver, on est parti de ce principe qu'en déduisant de chaque somme les jours de non intérêt, c'est-à-dire, ceux écoulés ou à s'écouler avant celle où chaque somme doit commencer à porter intérêt, il doit nécessairement rester pour résultat à l'époque de la clôture du compte, les jours qui ont dû porter intérêt. Ainsi supposé que le compte ait duré 120 jours ou quatre mois, s'il y a pour une somme sur ces 120 jours, 40 jours, je suppose, de non intérêt, c'est-à-dire, qui se soient écoulés ou qui doivent s'écouler jusqu'à son échéance, il en restera par le fait 80 jours d'intérêt pour cette même somme ; de telle sorte que par un moyen différent, mais praticable de suite dès l'inscription de la somme, on aura atteint le même but que par le premier, lequel nous avons vu ne pouvoir être employé qu'autant que l'on a fixé l'époque de la clôture du compte. C'est donc en calculant les jours de non intérêt de chaque somme dans un compte courant, qu'on arrive à pouvoir établir d'avance tous les calculs de jours et de nombres ; pour cela, on fixe une première époque, laquelle peut être, si l'on veut, celle de l'ouverture du compte, vers laquelle on rétrogradera à partir de chaque échéance, pour trouver le nombre de jours à s'écouler sans intérêt pour cette somme ; lequel nombre on inscrira dans la colonne des jours, et telle sera la *première* opération de cette marche, que, pour cette raison, l'on a nommée *rétrograde.*

Pour *deuxième opération*, on multipliera successivement chaque somme par son nombre de jours, de même que dans la marche progressive, et on en portera semblablement le produit dans la colonne des nombres ; seulement il n'y aura plus ici de nombres rouges pour les échéances postérieures à l'époque de l'arrêté du compte, vu que calculant les jours de non intérêt, il n'y a réellement rien, ni pour le Débit, ni pour le Crédit du compte.

Puis, pour *troisième opération* (lorsque l'on veut régler le compte), comme toutes les sommes sont censées porter intérêt pendant toute sa durée, attendu que tous les jours de non intérêt en ont été déduits, il suffira de prendre la différence des sommes du débit et du crédit, et de porter cette différence du côté le plus faible, mais intérieurement dans la colonne du raisonnement, cette différence n'étant pas encore le véritable solde à nouveau, lequel doit être encore augmenté ou diminué du montant des intérêts échus pour le compte.

Voilà pourquoi cette différence des sommes devra immédiatement, par une *quatrième opération*, être multipliée par le nombre de jours de la durée du compte d'où résultera un nouveau nombre fictif que l'on aura à faire figurer dans la colonne des nombres, du même côté où l'on a porté la première balance des fonds.

Puis, par une *cinquième opération*, additionnant séparément toute la colonne des nombres du Débit et du Crédit, on en prend la différence que l'on porte du côté le plus faible.

C'est sur cette différence des nombres que l'on aura à chercher l'intérêt absolument comme dans la marche progressive, en la divisant par le commun diviseur convenu suivant le taux, lequel intérêt on portera dans la colonne des sommes du même côté où l'on a déjà porté la balance des nombres.

Puis enfin, on soldera le compte en additionnant les sommes, soit du Débit, soit du Crédit, dont on portera la différence par balance du côté le plus faible, laquelle différence, après avoir terminé par une addition générale, soit des sommes, soit des nombres, on portera ensuite du côté opposé pour rouvrir le compte à nouveau, comme dans un compte courant progressif, ainsi que nous l'avons indiqué plus haut.

(*Voir le modèle n° 18, page 124.*)

FIN DE LA CINQUIÈME PARTIE.

RÉCAPITULATION.

GUIDE PRATIQUE DU TENEUR DE LIVRES.

Résumé de différents Genres d'Opérations qui composent la Tenue des Écritures.

I.

Les livres nécessaires au commerçant sont :

PARTIE SIMPLE.

1° Livre des Inventaires.

2° Livre-Journal et son premier brouillon vulgairement appelé *brouillard ou main-courante.*

3° Grand-Livre ou livre des *comptes personnels.*

4° Copie de lettres.

5° Un Carnet d'Échéances indiquant les époques où nous pouvons avoir soit à payer, soit à recevoir un effet quelconque.

Les livres ci-dessus sont indispensables pour toute espèce de commerce.

La plupart des commerçants y joignent les deux suivants :

6° Un LIVRE DE CAISSE.

7° Un LIVRE D'ENTRÉE ET DE SORTIE des marchandises, par lesquels ils entrent sans le savoir dans la partie double, mais incomplète.

Système mélangé que l'on a désigné sous le nom de *Partie Mixte*; c'est la plus usitée.

Les maisons de Fabrique ont de plus :

8° Un Livre de COMMANDE ou *Commission*, grâce auquel on ne porte au journal que les articles livrés pour n'y faire figurer que des affaires terminées.

II.

LES LIVRES NÉCESSAIRES AU COMMERÇANT POUR LES ÉCRITURES EN PARTIE DOUBLE sont :

Les mêmes ci-dessus indiqués pour la partie simple et mixte, avec cette différence que le *Grand-Livre*, en outre des *comptes personnels*, représentera encore les *comptes généraux* et reproduira ainsi de plus que la partie simple le mouvement de toutes les diverses valeurs du commerce, savoir :

Les *Marchandises générales et particulières*.

La *Caisse* ou les espèces.

Les *Traites* et *Remises* ou valeurs en papier et titres commerciaux de toute nature.

Les *Meubles et Ustensiles divers*.

Enfin les résultats ou *Profits et Pertes*, de manière à ne laisser aucun renseignement incomplet, et à rendre toute erreur impossible, vu la nécessité d'une balance permanente de toutes les *augmentations* par les *diminutions* ou en d'autres termes de toutes les *entrées* par les *sorties* et *vice versâ*.

Quelques commerçants joignent aux livres ci-dessus, savoir :

9° Un LIVRE D'ACHATS ou copie des factures de leurs commettants.

10° Un LIVRE DE VENTES, auxiliaire du Journal et par le moyen duquel ils peuvent se dispenser de relever sur le Journal le détail de toutes les ventes, se contentant d'y faire figurer le résumé de ces opérations.

Cette manière, quoique assez usitée, est moins régulière.

Quelques commerçants peuvent avoir encore d'autres livres spéciaux, mais qui n'étant en réalité que des divisions et un double emploi des Livres indiqués ci-dessus, sont plus ou moins inutiles, et ne peuvent être ni indiqués ni proposés dans une Tenue de Livres régulière et classique.

GUIDE PRATIQUE.

138. PREMIER GENRE D'OPÉRATION. L'*Inventaire d'ouverture*. Il s'établit en note détaillée sur un livre à ce destiné et appelé pour cette raison *Livre des Inventaires*, et se résume en somme totale pour chaque genre de valeurs sur une feuille aussi appelée *Feuille d'Inventaire*, et qui doit être signée du chef de Commerce, et conservée par lui pendant dix ans, suivant les termes mêmes de la loi. Quand les nouvelles écritures d'un commerce ne sont que la continuation des écritures précédentes du même commerce, cet inventaire doit être extrait des Livres, et prend dans ce cas le nom de *Balance d'entrée*, laquelle remplace quelquefois le compte de *Capital*, et doit être en conséquence *débité* et *crédité* aux mêmes cas. (*Voir relativement à ce qui concerne l'Inventaire, toute la troisième partie de cet ouvrage, pages 48 et suiv.*)

139. DEUXIÈME GENRE D'OPÉRATION. *Transport des sommes, et valeurs mentionnées dans l'inventaire ou Balance d'entrée, soit au Journal, soit à leurs Comptes respectifs au* Grand-Livre.

La feuille d'Inventaire sert de Brouillard des Écritures qui y sont portées; il devient donc inutile d'en faire le relevé sur ce dernier Livre. On peut également se dispenser d'en passer écriture même au Journal partie double, et en faire immédiatement le transport aux comptes du Grand-Livre, ce qui devient facile sans qu'on ait besoin de recourir aux formules de la partie double, toutes les sommes de l'*actif* d'un inventaire devant toujours être établies au Grand-Livre au *Débit* des comptes auxquels elles ont rapport, par le *Crédit de Capital* ou Balance d'entrée; de même que toutes celles du *Passif* devant aussi nécessairement être portées au *crédit* de leurs comptes, toujours au Grand-Livre *par le Débit du Compte de Capital* ou de la Balance d'Entrée (1).

140. TROISIÈME GENRE D'OPÉRATION. *Formation du Journal général, d'après le Brouillard ou d'après les Livres auxiliaires.*

La tenue du Brouillard ou des Livres auxiliaires n'exigeant rigoureusement aucune connaissance des principes de la Tenue des Livres, est proprement l'affaire des employés subalternes ou commis d'une maison de commerce; nous ne devons donc pas la considérer comme opération du teneur de Livres. Du reste, les principes que nous avons émis dans cet ouvrage et les modèles que nous en avons donnés, sont plus que suffisants pour résoudre toutes les difficultés qu'ils pourraient offrir aux personnes débutant dans cette carrière. Reste à en former les Écritures du Journal. Quant il n'y a pas de Livres auxiliaires et que le détail de toutes les opérations du commerce a été porté sur le Brouillard, il suffit d'en faire un re-

____

(1) Voir ci-après le Modèle d'Inventaire, page 111.

levé sur le Journal, en se servant des formules usitées soit pour la partie simple, soit pour la partie double, suivant que les Écritures se tiennent dans l'un ou dans l'autre système. (*Voir les développements que nous avons donnés dans cet ouvrage, relativement à la rédaction du Journal tant en Partie simple qu'en Partie double. 2ᵉ partie, pages 34 et suivantes.*)

141. Mais s'il y a des Livres auxiliaires, lesquels servent de brouillard, et que ce soit d'après ces Livres qu'il faille établir les Écritures du Journal, voici la manière la plus simple de procéder et de porter successivement les Écritures de chacun de ces Livres. Le teneur de Livres passe d'abord tous les articles du Débit de *Caisse* de cette manière :

CAISSE *aux suivants, f...... etc.*

    rentrées de ce jour, etc.

A TEL, et le détail, etc.

A TEL,   etc.,   etc.

    Et ainsi de suite pour les autres créditeurs par Caisse.

Puis il en passe tous les Crédits également en un seul article de la même manière :

Les suivants A CAISSE,

    paiements de ce jour.

TEL, *et le détail explicatif du premier Débiteur par Caisse.*

TEL, *et de même pour tous les autres Débiteurs par Caisse.*

142. Il passe ensuite écritures des Ventes, d'après le Livre de Vente, en un seul article.

Les suivants A MARCHANDISES GÉNÉRALES,

    ventes du jour.

TEL, pour tel objet de telle manière, etc.

(1) Voir le Modèle de Journal Partie double, page 116.

Détail des marchandises livrées, etc.

Tel,   etc.,   etc.

Un seul article lui suffit, de même pour les Achats de cette manière.

MARCHANDISES GÉNÉRALES *aux suivants*,

achats de ce jour.

A Tel,   etc.,   etc.

Puis prenant le livre des *Traites et Remises*,

Il en passe tout le Débit du jour en un seul article, comme suit :

TRAITES ET REMISES *aux suivants*,

entrées de ce jour,

N° 10, Paris, 15 octobre, f. 10,000, etc.

143. De même pour le *crédit* des Traites et Remises.

Les suivants, A TRAITES ET REMISES, sorties ce jour comme suit :

TEL m/ remise n° 4, Paris 20 mars, 3,000 fr.

CAISSE, m/ négociation, à Audra Fauvel, etc.

PROFITS ET PERTES, retenu sur la susdite, etc.

144. Enfin, il peut prendre, au Livre d'Annotation, ce qui a rapport *aux Profits* ou *aux Pertes*, rabais, escomptes, intérêts, etc., de la manière suivante :

PROFITS ET PERTES aux suivants, etc., pour ce qui concerne les pertes.

Les suivants, A PROFITS ET PERTES, pour ce qui a rapport aux bénéfices. (*Voir notre modèle de Journal, partie double,* page 116.)

Ce qui a rapport aux PROFITS ET PERTES peut ne se passer sur le Journal que toutes les semaines ou tous les mois, aux époques des balances partielles de vérification qu'il est à propos de faire pour diminuer le travail de la balance générale qui précède l'inventaire final, comme il a été dit dans la troisième partie de cet ouvrage.

OBSERVATIONS.

145. La Loi, ainsi que nous l'avons vu dans la première partie de cet ouvrage, exige que le Journal soit tenu, *jour par jour*, comme l'indique le nom de ce Livre ; comment donc satisfaire à cette prescription, d'autant plus essentielle qu'elle est la plus sûre garantie de l'exactitude et de la bonne foi d'un chef de commerce, quand il est notoire que, dans le plus grand nombre des maisons de commerce, le teneur de Livres vient faire son Journal tout au plus une fois par semaine, et quelquefois même beaucoup moins souvent? Cette difficulté, je la laisse à résoudre aux partisans fanatiques de la méthode routinière des formules, lesquelles exigent que la Partie double soit nécessairement établie avec et en même temps que le raisonnement du Journal, dont elles font partie nécessaire dans ce système. Quant à moi, je l'ai entièrement résolue dans mon *Album du Comptoir*, en isolant ce que j'appelle le *classement en partie double des articles*, du raisonnement qui forme le Journal légal, lequel dans mon système, étant une copie exacte du Brouillard, n'exige plus aucune connaissance des principes de Tenue de Livres, et peut en conséquence être fait chaque jour sur le Journal, soit par le commerçant lui-même le soir quand sa vente est terminée, soit par n'importe lequel de ses commis qui sache écrire correctement ; tandis que la *partie double*, qui est proprement l'ouvrage du teneur de Livres, peut se faire après coup et à volonté sur le même Livre, tous les huit jours, ou même moins souvent ; soit par le commerçant lui-même ou par le teneur de Livres à son loisir. (*Voir dans mon Album du Comptoir le développement de ce système, qui, sans rien changer d'essentiel aux principes ordinaires et même aux procédés connus, a l'avantage de présenter, dans son ensemble, infiniment plus de clarté et de simplicité, tout en offrant, contre les erreurs, la garantie d'un contrôle infaillible, et rendant extrêmement facile le travail de la balance de vérification générale.* Prix de l'Album du Comptoir : 5 fr. chez l'Auteur.)

146. QUATRIEME GENRE D'OPÉRATION. *Transport des différents articles du journal aux comptes du Grand-Livre.* Il n'est

point essentiel que ce transport se fasse tous les jours; l'usage même le plus commun dans le commerce n'est guère de s'en occuper que toutes les semaines, ou même tous les mois. Quoi qu'il en soit, quand le teneur de livres veut porter au Grand-Livre les écritures du journal, il cherche ou ouvre successivement les différents comptes à mesure qu'il en rencontre les noms sur le journal, et dans l'ordre où ils se présentent, portant toujours au crédit les sommes où les noms des comptes sont précédés de la particule A (*abrégé de avoir*) et au débit ceux où ne se rencontre pas cette particule; puis à mesure qu'il a porté une somme, il l'indiquera sur le journal en inscrivant en marge de la formule, le folio de la page où est ouvert ce compte au Grand-Livre; et si ce folio y a déjà été inscrit, il en indique la vérification en y ajoutant un gros point, ainsi que nous l'avons dit en parlant de l'inventaire. (*Voir pour ce qui concerne le transport des articles du journal au Grand-Livre, ainsi que pour la manière de* contrepasser *les sommes qui pourraient être portées par erreur, soit au débit au lieu du crédit, etc., soit à un compte pour un autre, le développement qui en a été donné dans le courant de cet ouvrage,* 2e *et* 3e *Partie* (1).

147. CINQUIÈME GENRE D'OPÉRATION. *Balance partielle de chaque mois :* addition totale des Ecritures du Journal pendant le mois, comparée soit avec le Débit, soit avec le Crédit de l'ensemble des sommes portées au Grand-Livre depuis la même époque, et rectification des erreurs, comme lors de la Balance générale. (*Voir troisième partie,* pages 49 et suiv.)

148. SIXIÈME GENRE D'OPÉRATION. *Préparation de l'Inventaire :*

1° PAR LA BALANCE GÉNÉRALE DE VÉRIFICATION. (*Voir pour la manière de la trouver, et pour la rectification des erreurs, toute la troisième partie de cet ouvrage.*)

(1) Voir aussi surtout le Modèle du Grand-Livre Partie double, p. 118.

2° En extrayant de chaque compte le bénéfice ou la perte qui en résulte, afin d'en *compléter soit le Débit, soit le Crédit du Compte des Profits et Pertes*, par autant d'articles passés d'abord en partie double sur le Journal, et de là reportés au Grand-Livre, à l'ordinaire. (*Voir, troisième partie de cet ouvrage*, pages 54 et suiv.)

149. SEPTIÈME GENRE D'OPÉRATION. *Nouvelle vérification des Écritures*, et spécialement des derniers transports au Grand-Livre, depuis la Balance générale de vérification, *à l'aide de la Balance des Excédants ou différences* de l'ensemble des Comptes. (*Voyez troisième partie*, page 57, n° 93 (1).)

150. HUITIÈME GENRE D'OPÉRATION. *Établissement de la feuille d'Inventaire final*, d'après la Balance des excédants ; les différences ou *excédants* du Débit représentant toutes les sommes qui doivent figurer à notre Actif, et celle du Crédit (moins, cependant, le montant du capital), donnant toutes les sommes dont se doit composer notre Passif. (*Voyez troisième partie*, page 58, aussi bien que le *modèle d'une* Balance des excédants *comparée avec une feuille d'inventaire*, page 118.)

151. NEUVIÈME GENRE D'OPÉRATION. *Solde final des comptes*, toujours d'après la Balance des Excédants par Balance de sortie, en reportant au Débit des Comptes leurs excédants du Crédit, et au Crédit leurs excédants du Débit par le Crédit ou le Débit fictif de la Balance de sortie. J'ai dit le Débit ou le Crédit *fictif*, car, quoique quelques teneurs de Livres soient dans l'usage de passer écritures de ces différences ou excédants sur le Journal en en débitant ou en créditant Balance de sortie, à laquelle, en conséquence, ils ouvrent un véritable compte sur le Grand-Livre, quoique même cette manière fût peut-être la plus régulière, attendu qu'elle offrirait le solde le plus complet des écritures sur le Journal

(1) Voyez page 120 le Modèle de la Balance de vérification.

aussi bien que sur le Grand-Livre, elle est loin d'être assez répandue pour constituer un usage ; et de fait elle n'est pas nécessaire, ce solde pouvant s'établir très-facilement sur le Grand-Livre à l'aide de la Balance des Excédants qui remplace dans ce cas le Journal et dispense d'en passer écriture sur ce dernier Livre.

152. DIXIÈME GENRE D'OPÉRATION. *Addition totale* de chaque Débit et Crédit des Comptes du GRAND-LIVRE.

153. ONZIÈME ET DERNIER GENRE D'OPÉRATION. *Réouverture des Comptes à nouveau par Balance d'entrée*, en reportant du côté opposé (lequel est celui où ils existent naturellement) les excédants portés précédemment dans la neuvième opération du côté le plus faible par Balance de sortie. (*Voir troisième partie*, page 58, n° 95.)

Continuation des Ecritures après l'Inventaire. (*Voir ci-dessus*, page 89, *ce que nous avons dit relativement au premier genre d'opération ou Inventaire d'ouverture des Livres.*)

FIN DU GUIDE PRATIQUE.

NOTIONS SUPPLÉMENTAIRES.

SOMMAIRE.

I. Tenue des Livres d'une Fabrique. — Première manière : - avec un seul compte de Marchandises. — Deuxième manière avec tous les Comptes auxiliaires de Fabrication, Matière première, Teinture, etc. De quoi les débiter, de quoi les créditer. — Compte de dépenses générales de Fabrique. — II. Des Frais relatifs aux marchandises, et comment il faut en passer écriture. — III. Des Escomptes, Agios ou intérêts, soit sur les Billets, soit sur les Marchandises ; comment les classer. Colonnes particulières, etc. — IV. Indication des folios de rencontre. Leur emploi sur les différents Livres. — V. De la formule de raisonnement au Grand-Livre, tel à tel ou à tel compte. — VI. Du Répertoire en usage pour les Livres de Commerce. — VII. Des connaissances et qualités nécessaires à un Teneur de Livres.

I. *Tenue des Livres d'une Fabrique.*

Quoique la Tenue des Écritures d'une fabrique ne s'écarte en rien des principes ordinaires, ces principes reçoivent cependant dans ce genre de commerce une application spéciale ; en conséquence, quelques explications particulières me paraissent nécessaires pour en faciliter la direction. Deux manières, du reste, pouvant être employées, lesquelles présentent entre elles quelques différences de détail, quoique conduisant toutes deux au même but, nous allons développer succinctement les principes et la théorie de l'une et de l'autre.

7

Première manière pour la Tenue des Écritures d'une Fabrique.

PRINCIPES.

1° Passer comme *entrée de Marchandises*, et sous ce nom, non-seulement les prix d'Achat de la matière première, mais encore toutes les dépenses faites pour les diverses manipulations que cette première peut subir, lesquelles, dans ce cas, sont considérées comme une augmentation à la fois de la valeur et du *prix de revient* de la Marchandise.

2° Considérer comme *sortie des Marchandises*, l'émission momentanée de ces marchandises, en dehors du magasin, chez les ouvriers qui les travaillent, de même que comme *entrée* la *rentrée* des marchandises de chez ces mêmes ouvriers, en en créditant un Compte général d'*Ouvriers*, attendu que chaque ouvrier ayant un livre particulier qui indique ce qu'il peut avoir donné ou reçu, il devient tout à fait inutile de lui établir à part, sous son nom particulier, un compte qui dans le fait ne serait qu'un double emploi.

Deuxième Manière pour la Tenue des Écritures d'une Fabrique.

Cette deuxième manière ayant pour but de remédier au peu de détails donnés par la première, le Compte général des Marchandises se divisera en deux ou plusieurs comptes différents :

1° Compte de Marchandises générales, dit *Matière première*, pour l'achat brut de la matière destinée à la fabrication.

2° Compte général de *Fabrication*, pour classer toute augmentation de valeur survenue à la marchandise (matière première), par suite de n'importe quelle manipulation qu'elle ait subie, *Teinture, Foulage, Pliage, Ourdissage, Tissage*, etc.

Le compte de Fabrication peut, dans le cas où l'on désirerait des renseignements plus détaillés, être avantageusement remplacé par autant de comptes séparés qu'il y a de manipulations différentes qui peuvent être subies par la marchandise; ainsi un *compte de Teinture*, un *compte de Dévidage* un *compte de Pliage*, un *compte d'Ourdissage*, un *compte de Tissage*, etc.

Chacun de ces comptes devra être *débité* du montant des frais faits pour ce genre de manipulation, ou argent compté ou dû aux ouvriers qui rendent les marchandises. Il ne sera *crédité* qu'à l'inventaire, par le débit du compte général de Fabrication s'il en existe un, ou du compte des Marchandises générales. Pour toutes les sorties de marchandises (soit matière première remise aux ouvriers, soit ventes des marchandises fabriquées), on devra en créditer le compte de Marchandises générales, de même qu'on en débitera le même compte à leur rentrée, mais seulement de prix brut pour lequel elles sont sorties, qu'il sera toujours facile de retrouver à l'aide des numéros que l'on aura eu soin d'établir sur cette marchandise.

Les *dépenses* nécessaires pour l'exploitation de la fabrique, telles que achat de combustibles, etc., se portent à un compte de *Dépenses générales de fabrique*, lequel se solde par celui des *marchandises générales*, comme résultant de frais directs faits pour les marchandises, et étant réellement une augmentation de leur *prix de revient*, ainsi que tous frais directs de transport, pesage, jaugeage, et tout paiement de droits quelconques, lesquels nous avons vu devoir toujours être classés au comptes des marchandises et non à celui de profits et pertes, quoiqu'en résultat cela revienne au même, et ne puisse en rien modifier l'inventaire final. (*Voir ci-après*, page 100.)

II. *Des Frais relatifs aux marchandises, et comment il faut en passer Écriture.*

Le but pour lequel un Commerçant ouvre un compte séparé aux marchandises de son commerce, c'est de pouvoir en établir exactement le prix d'achat, de même que celui de vente, afin que par la différence de l'un sur l'autre de ces deux prix, il puisse reconnaître le bénéfice ou la perte qu'elles lui ont procurée; mais bien souvent cette connaissance serait bien imparfaite et même erronée, s'il se contentait de considérer comme prix d'achat seulement la somme versée entre les mains du vendeur, ou celle portée sur la facture de ce même vendeur. Car il s'en faut souvent de beaucoup que ce premier déboursé soit le véritable prix *de revient* des marchandises; souvent même il n'en est que la minime partie. Ainsi pour une marchandise achetée à prendre sur place, il y a les *frais* de transport, lesquels dépassent souvent le prix même de la marchandise, par exemple, pour *les charbons, les vins* (surtout avec les droits d'entrée), *les pierres de taille, le sable*, etc., etc. Il en est de même pour les Marchandises qui viennent d'outre-mer et qui sont en conséquence soumises aux *droits de douane* (1). Il est donc clair que dans tous ces cas, le véritable prix *de revient* des Marchandises doit s'augmenter de toutes ces dépenses et frais, autrement il serait véritablement impossible de pouvoir se rendre compte d'une manière certaine des bénéfices ou des pertes résultant de nos opérations sur les Marchandises. On comprend qu'en conséquence, il convient beaucoup mieux d'en débiter le compte de Marchan-

(1) Pour maintenir l'équilibre de prix entre les produits nationaux et ceux qui nous viennent de l'Étranger, il a été établi par le Gouvernement un *droit* à payer pour l'introduction de divers de ces produits, sans quoi la préférence pourrait dans quelques cas être accordée à ces derniers, soit en vertu de leur prix souvent bien moins élevé, soit (pour quelques objets) en raison de l'excellence de leur qualité, ce qui amènerait infailliblement la ruine d'une partie de notre industrie. En conséquence, une administration spéciale, sous le nom de *douane*, a mission de surveiller l'acquittement de ce droit, et tient à cette fin de nombreux employés, appelés *douaniers*, échelonnés sur toute la ligne des frontières, afin qu'il ne soit débarqué ou importé aucun produit sans un *permis* de l'administration des douanes; lequel doit indiquer ou que la Marchandise importée n'est pas sujette aux droits, ou que ces droits ont été acquittés.

D'un autre côté, il existe certains produits qui forment l'industrie prin-

dises générales. Mais comme de ces frais, il y en a qui doivent augmenter le compte des Marchandises, et d'autres, celui de Profits et pertes, il est nécessaire d'avoir un principe fixe qui puisse servir de règle invariable dans tous les cas. Ce principe, le voici :

1° *Débiter les Marchandises de toutes les dépenses faites* pour l'acquisition de ces mêmes Marchandises, *prix d'achat, frais de transport, droits d'entrée, de commission, pesage,* etc., jusqu'à ce qu'elles soient rendues en magasin ;

2° Passer par Profits et pertes au contraire : 1° tous les accidents, avaries et détériorations quelconques souffertes à notre détriment par les Marchandises, soit depuis leur entrée en magasin. J'ai dit *souffertes à notre détriment,* car il pourrait arriver que par une stipulation convenue avec le vendeur, celui-ci ne fût responsable de ces détériorations jusqu'à ce que l'objet fût rendu en magasin, lors même que les frais de transport seraient à notre charge.

III. *Des Escomptes, Agios, Intérêts, etc., soit sur les Billets, soit sur les marchandises.*

Pour engager les clients à effectuer le plus promptement possible le paiement des marchandises qui leur sont vendues,

cipale de nos colonies, et dont l'importation seule les fait vivre. Mais comme à raison des frais de transports ces produits ne pourraient soutenir la concurrence de prix avec des produits de même nature de leur mère-patrie, il est alors accordé par l'administration des douanes un dédommagement appelé *prime d'importation.*

Cette prime, qui est ordinairement du montant de la différence de prix qui existe entre les produits des colonies et ceux de l'intérieur, peut être considérée, soit comme une diminution sur le prix d'achat, ou comme une avance sur le prix de vente, et doit en conséquence figurer à l'avoir des Marchandises générales, attendu que ce compte en doit être déchargé.

l'usage s'est généralement établi dans le commerce de leur accorder, dans le cas où ils les paieraient immédiatement, ou dans un temps donné, un *boni* ou diminution sur le prix convenu, lequel s'évalue ordinairement à tant pour cent.

Ce boni étant, en conséquence, à déduire du montant total du prix de vente, a été pour cette raison appelé *escompte*, c'est à-dire *hors de compte*... On comprend facilement que si l'escompte a lieu avant qu'il ait été passé écriture de la vente sur aucun livre, il n'est qu'une diminution du prix de vente, ou, si je peux m'exprimer ainsi, une *moins-vente*. Il devient donc inutile de le considérer comme une perte ou comme un bénéfice, et d'en faire, par conséquent, mention au compte général de Profits et Pertes, ou à un compte d'Escomptes, à moins que l'on ne tienne à connaître le chiffre exact de tous les escomptes que l'on aurait pu faire, ce dont je ne vois pas l'utilité, vu la quantité d'écritures que cela nécessiterait. Mais, au contraire, quand cet escompte ou rabais a lieu après que déjà il a été passé écriture de la vente, soit sur le Journal, soit sur le Livre de Vente, soit même au compte particulier du client, comme il est nécessaire d'arriver au solde où balance de ces écritures sans rien biffer, il en résulte que dans ce cas, l'escompte ou rabais doit nécessairement s'établir par Profits et Pertes généraux, ou bien d'abord par un compte d'Escompte, lequel se soldera toujours à la fin par le compte de Profits et Pertes, comme nous l'avons indiqué pour les Comptes spéciaux en usage dans une fabrique. (Voir ci-dessus, page 97.)

Il en est de même pour les *agios* ou intérêts à escompter sur les valeurs en papier dans les négociations (voir *Notions préliminaires*, pages 4 et suivantes), ils doivent toujours se passer par Profits et Pertes, sans quoi on ne pourrait obtenir la balance du Compte des Traites et Remises. Seulement, chez les Banquiers et autres Négociants qui, pratiquant journellement l'échange des effets, auraient un trop grand nombre d'articles à porter au compte de Profits et Pertes, s'ils voulaient porter leurs escomptes ou agios un à un, l'usage s'est généralement introduit d'avoir au Compte ou au Livre des Traites et Remises, soit à l'entrée, soit à la sortie, une colonne spéciale; celle à l'entrée, pour les escomptes qui sont faits au profit de la maison elle-même; celle à la sortie, pour les escomptes que la maison fait au profit du client. Lorsque cette colonne est remplie, ou à des époques déterminées, tous les mois, par exemple, on fait l'addition totale des escomptes ou agios au débit, lesquels représentent nos bénéfices, et l'on en passe écriture sur le Journal, en un seul article, comme dans l'exemple suivant :

EXEMPLE.

Doivent TRAITES ET REMISES (ou Effets à Recevoir) A PROFITS ET PERTES,

Bénéfices ou escomptes sur les billets pris en négociation par la maison, de telle époque à telle époque, etc., puis on porte la somme totale de l'addition des escomptes depuis cette époque.

De même pour les Pertes résultant de l'addition de la même colonne à l'Avoir des Traites et Remises :

Doivent PROFITS ET PERTES à TRAITES ET REMISES,

Montant des agios accordés par la maison sur diverses négociations, de telle époque à telle époque.

On pourrait en agir de même pour toute espèce d'escomptes sur les marchandises. Pour cela, il suffirait d'établir au Compte de Marchandises générales deux colonnes semblables, une au Débit pour les escomptes en notre faveur, et une au Crédit pour ceux accordés au client par la maison. On éviterait ainsi cette multiplicité d'articles dont se trouve surchargé le Compte de Profits et Pertes, au moins dans le système ordinaire des formules; car les moyens développés dans mon *Album du Comptoir* (voir cet Ouvrage) sont bien autrement abrégés et faciles.

IV. *De l'indication des Folios de rencontre, usitée en passant Écriture d'un livre sur un autre.*

Ainsi que nous l'avons vu dans le courant de ce Traité, le plus ordinairement les écritures portées soit sur le Journal, soit sur le Grand-Livre du commerce, sont extraites d'autres livres où l'opération se trouve inscrite d'une manière plus détaillée. Il peut donc arriver très-souvent, que soit pour vérifier, soit pour obtenir des renseignements plus complets relativement à une opération, on ait besoin de recourir à ces différents Livres. Pour faciliter cette recherche, et afin d'éviter la perte d'un temps toujours très-précieux pour les personnes qui sont dans les affaires, il convient, ainsi que cela se pratique assez généralement, toutes les fois que l'on porte sur un livre une opération extraite d'un autre livre, il convient, dis-je, d'indiquer sur le dernier la page du premier livre d'où l'on a extrait l'article, ce qui se fait en plaçant en marge de cet article le nom ou seulement la lettre initiale du nom du Compte ou Livre d'où il est tiré, avec indication de la page ou du folio de cette manière : *Caisse* f°, etc. ou simplement C/f°, etc., si l'article est extrait du Livre de Caisse.

De même si c'est du livre de Marchandises, M/f°, etc.

Ou si c'est du Journal, J¹/f°, etc.

Le folio du Journal s'indique à chaque compte au Grand-Livre, dans une colonne spéciale, la première qui suit celle du raisonnement. (Voir page 43, les préceptes relatifs à la disposition du Grand-Livre, et le modèle de ce même registre, page 118)

V. *De la formule de raisonnement au Grand-Livre*, A TEL ou PAR TEL.

Relativement au Grand-Livre, je dois faire remarquer que quoique pour les comptes généraux, on n'ait pas l'habitude

d'y faire figurer aucun détail, il est pourtant assez ordinaire
d'indiquer le compte qui a fourni ou reçu l'objet, ou valeur
donnée ou reçue en échange, ce que l'on fait à l'aide de ces
mots *à tel* si c'est au débit, ou *par tel* si c'est à l'Avoir. Ainsi,
supposez que je porte au Grand-Livre une entrée de Marchandises, j'indiquerai au compte de Marchandises, si c'est
en espèces que je les ai payées, à l'aide de ces mots *à Caisse*
placés dans la colonne du raisonnement, immédiatement après
la date. Si c'était avec des billets, au lieu de *à Caisse*, j'ins-
crirais les mots *à Portefeuille;* de même que si je ne les avais
pas payés, je mettrais A TEL, *à Pierre, à Paul ou à Jacques*, etc.,
le nom du créditeur. De même en débitant un client à son
compte, j'ajouterais ces mots *à Caisse*, si c'est de l'argent que
je lui ai remis; ou *à Marchandises*, si ce sont des marchandises; ou *à Portefeuille*, si ce sont des billets; ou *à tel*, si ce
sont des valeurs prises ou reçues d'un correspondant, à l'Avoir
duquel on doit les passer, etc.

De même en portant une sortie, soit de Marchandises, soit
de Billets, soit d'Espèces, soit un Avoir de correspondant, on
indiquera si c'est par une entrée de Billets, à l'aide de ces
mots *par Portefeuille;* si c'est par une entrée d'Espèces, à
l'aide de ces mots *par Caisse;* si c'est par une entrée ou débit
de quelque client, avec ces mots PAR TEL, *par Pierre, par
Paul*, etc. Cette indication a pour but de faciliter la recherche
des rapports de Partie double, lors de la balance de vérification; voilà pourquoi il est aussi usité d'indiquer au même
compte et sur la même ligne le folio de ce compte correspondant, afin d'éviter qu'on ait à le rechercher au répertoire (1) ou
au Journal pour la vérification. Ce folio se place dans la
deuxième petite colonne, immédiatement après celui de la
page du Journal. (Voir le modèle, page 118.)

Quand il y a plusieurs comptes correspondants à la fois,
au lieu de mettre séparément le nom de chacun, on l'indique

____

(1) **Voir ci-après, l'emploi du Répertoire commercial.**

d'une manière générale, à l'aide de ces mots *à divers*, si c'est au débit, ou *par divers*, si c'est à l'avoir. Alors on n'a point à indiquer de folio de rencontre, si ce n'est celui du Journal, attendu qu'il devient plus court de recourir, pour les autres, au Journal où se trouvent les détails de l'article.

VI. *Du répertoire en usage pour les Livres de Commerce.*

Comme dans un commerce on peut avoir à ouvrir un très-grand nombre de comptes, surtout si les clients sont nombreux et les relations très-étendues, il convient qu'on puisse trouver immédiatement chacun de ces comptes, lorsque l'on a besoin de le consulter. Voilà pourquoi on est dans l'usage d'avoir un petit registre dont les feuillets découpés laissent apercevoir toutes les lettres de l'alphabet. C'est ce livre que l'on nomme *Répertoire*. A mesure que l'on ouvre un compte au Grand-Livre, on l'inscrit par son nom au Répertoire, à la lettre reproduisant l'initiale de ce nom. On y joint l'adresse détaillée du client, et tous les renseignements qu'on juge nécessaires. Plus tard, quand on doit porter quelque article nouveau à ce compte, on a recours au Répertoire pour savoir à quelle page ce compte est ouvert au Grand-Livre, ce qui permet de le retrouver à l'instant, sans être obligé de feuilleter un grand nombre de pages.

Nota. J'ai donné dans mon *Livre de Commerçant en détail* le modèle et l'exemple d'un répertoire créé par moi; il est extrêmement avantageux, pouvant servir de Grand-Livre pour les menus débiteurs, principalement dans les maisons de détail, et si économique qu'il peut présenter jusqu'à *deux mille comptes ouverts dans une seule main de papier* (en prendre connaissance dans mon ouvrage, LE LIVRE DU COMMERÇANT EN DÉTAIL; prix : 2 fr.).

VII. *Des Connaissances et qualités nécessaires à un Teneur de Livres.*

Il ne suffit pas pour être Teneur de Livres, de connaître théoriquement et pratiquement les diverses opérations qui constituent l'art de tenir les écritures ; d'autres connaissances sont encore indispensables. Il faut d'abord qu'un Teneur de Livres possède parfaitement sa langue et soit suffisamment versé dans les études littéraires, pour ne pas offrir dans sa correspondance ces défauts choquants de style et de diction, beaucoup trop fréquents, quoique la correspondance commerciale semble n'exiger que de la clarté et de la précision ; il faut encore qu'il ait une belle écriture, qualité sur laquelle on devient de jour en jour plus exigeant, depuis surtout la découverte des moyens nouveaux et expéditifs à l'aide desquels on peut réformer si rapidement ce qu'une écriture présenterait de défectueux (1). Il faut encore que celui qui se destine à la carrière des Écritures, pratique avec une grande habileté tous les calculs de l'arithmétique, et soit initié aux moyens nouveaux inventés pour les abréger, et en usage depuis quelques années dans le commerce (2).

Ces connaissances que nous venons d'indiquer ne sont que les plus essentielles, et ne suffisent qu'à celui qui ne veut que tenir les écritures d'une maison pour le Commerce des Marchandises ; car pour la banque, il faut la connaissance du *Change* (3) et des *Arbitrages* (4) ; et celui qui aspire à occuper

(1) Il est ouvert dans l'établissement commercial de l'Auteur des *Cours spéciaux* pour l'étude d'une belle écriture expédiée de commerce, pour celle de la *Correspondance commerciale* (2), et aussi du *Calcul commercial*, comprenant l'étude des *moyens abrégés* nouvellement découverts.

(3) Sous le nom de Change, on comprend les différents *taux* auxquels se font les *négociations* ou échanges tant des billets que des monnaies entre les différentes *places*, soit de l'intérieur, soit de l'étranger.

(4) Les *Arbitrages* sont les calculs à établir pour connaître par quelles

les premiers rangs dans la hiérarchie des comptables, doit joindre à ces dernières connaissances celles du *Droit commercial*, attendu qu'il peut être appelé aux fonctions d'arbitre dans des affaires contentieuses : *liquidations, faillites,* etc., etc.

Sous le rapport des qualités morales, sans parler d'une *probité* à toute épreuve, nécessaire principalement à celui qui est investi de la confiance d'une maison, outre l'*assiduité* exacte, indispensable à celui qui veut réussir, il a surtout besoin de LA PLUS GRANDE DISCRÉTION. Qu'il songe bien que sous ce point la plus petite négligence peut non-seulement perdre souvent la maison où il est, mais le perdre lui-même à tout jamais, vis-à-vis des autres maisons qui pourraient l'employer. Eût-il même à se plaindre de cette maison, fût-il victime de sa part d'une criante injustice, rien ne saurait lui servir d'excuse, et le plus souvent la ruine entière de toute confiance pour lui en serait la malheureuse suite et la triste punition.

Ainsi donc et pour me résumer, *capacité,* sous le rapport intellectuel, et sous le rapport moral, *probité, assiduité, discrétion,* telles sont les qualités à l'aide desquelles toute personne conquerra infailliblement dans la carrière de la comptabilité à la fois *Honneur et Fortune.*

places il est plus avantageux à un banquier de faire passer ses lettres de change quand il veut *faire voyager ses fonds.*

FIN.

PARTIE PRATIQUE.

MODÈLES DIVERS.

Mod. n° 1.   RECONNAISSANCE ou BILLET SIMPLE.

Je soussigné reconnais devoir à monsieur **Hugo** la somme de deux cents francs, que je m'engage à lui rembourser à partir de telle époque sur sa première réquisition.

Paris, ce 1er juillet 1853.

GRANPERRET jeune.

Mod. n° 2.   BILLET A ORDRE ou EFFET DE COMMERCE.

B. P. 200 fr.

Au premier septembre prochain mil huit cent cinquante-trois je paierai à monsieur **Hugo** ou à son ordre la somme de deux cents francs, valeur reçue comptant (*si c'est en espèces*) — ou valeur reçue en marchandises (*si ce sont des fournitures*) — ou encore valeur en compte (*dans toute circonstance*).

Paris, ce 1er juillet 1852.

GRANPERRET jeune,
Rue de l'Arcade, 7.

Mod. n° 3.   MANDAT, TRAITE et LETTRE DE CHANGE.

B. P. 10,000 fr.

A vue — ou à tant de jours de vue — ou à telle époque — payez contre le présent mandat à l'ordre de monsieur **Jacques Hugo** la somme de DIX MILLE FRANCS, valeur que passerez sans autre avis de v/ serviteur,

A. Gras.

Paris, ce 31 janvier 1853.

A Messieurs **Williams Torn**, banquiers,
New-York.

Mod. n° 4.   **FACTURE.**

Doiv^t MM. Gras, Hugo et Cie à Lafabrègue et Vincent,

commissionnaires à Lyon, les marchandises ci-après payables à 90 jours.

1853					
Janvier	17	15 pièces gros de naples, ensemble 330 mètres à fr. 4 25	1,382 50		
		10 pièces satin, ensemble 180 mètres . à fr. 7.	1,260 »		
		45 mètres velours à fr. 25	1,125 »	3,767 50

Mod. n° 5.   **COMPTE DE VENTE.**

Compte de vente et net produit de 35 B/ Cocons d'envoi de Messieurs Roulet et Franclieu, dont la vente s'est opérée ainsi qu'il suit :

Produit net suivant aut^{on}, fr.		1,529 86
Frais à déduire :		
Emballage	17 50	
Emmagasinage.	19 35	
Ports de lettres et transports	23 00	
N/ comm^{on} 2 p. °/₀.	30 58	90 43
Produit net.		1,439 43

Inventaire pour l'ouverture des Livres et le commencement des Écritures.

INVENTAIRE présentant l'Actif et le Passif du commerce de MM. GRAS ET Cie, au 1er décembre 1852.

VALEURS formant mon **ACTIF :**		PASSIF.	
En Marchandises diverses.		**Billets en circulation.**	
Celles provenant du fonds de mon oncle, **Alexis**, dont j'ai hérité.	37,500	Une traite, fin mars, ordre Capponi, pour paiement de marbres . . . 1,800	
En Effets ou Papiers de Portefeuille.		Une traite, ordre Durand, 10 avril, pour solde . . . 700	2,500
N° 1. Lyon, 31 janvier. . . 1,500		**Créanciers divers.**	
— 2. Paris, 13 février. . . 2,000	8,000	**Bely**, entrepreneur, pour diverses réparations depuis ces six mois	2,200
— 3. — 7 mars . . . 4,500		Mon neveu **Etienne Gras**, son compte de tutelle échu du 20 décembre dernier.	44,600
Espèces en caisse et Billets de banque.	32,000	TOTAL DU PASSIF. . . . 49,300	
Mobilier du Magasin . . .	1,800	D'où résulte pour moi un **actif** net formant mon **capital** de fr.	148,000
Immeubles.			
Maison rue Taranne . . . 55,000			
— rue Saint-Denis . . . 30,000	103,000		
Domaine rural à Enghien . . . 18,000			
Débiteurs divers.			
Charpin aîné, argent prêté sur premier hypothèque	10,800		
Grand-Pierre, mon fermier, arriéré de loyer.	1,200		
Mon neveu **Frédéric**, avances à lui faites pour son voyage en Italie.	3,000		
TOTAL DE L'ACTIF.	197,300	TOTAL POUR PREUVE.	197,300

Certifie le présent Inventaire sincère et conforme à mes Livres ou Écritures précédentes, **sauf** erreur ou omission.

Paris, ce 1er janvier 1853.

Léopold GRAS ET Cie.

CARNET DES ÉCHÉANCES.

	A RECEVOIR.		REÇUS.		A PAYER.		PAYÉS.
	Janvier 1853.				**Mars 1853.**		
31	Lyon, n° 1, fr.	1500	1500	»	31	O/ Capponi, fr.	1800
	Février.					**Avril.**	
15	Paris, n° 2, fr.	2000			10	O/ Durand, fr.	700
	Mars.					**Mai.**	
7	Paris. n° 3, fr.	4500					

(Mod. n° 8.) **JOURNAL GÉNÉRAL. Partie Simple.** f° 1.

F°				
	————————Du 1ᵉʳ décembʳᵉ 1852————			
1	**Avoir.**	VANEL et Cⁱᵉ du Havre, L/ envoi sucre et café. Facture du 20 novembre dernier, fr.	245	»
		———— Dudit. ————		
2	**Doit.**	DURAND C/V M/ facture audit. Kᵒˢ 12 huile fine à fr. 12 50	30	»
		———— Dudit. ————		
3	**Avoir.**	GIRAUD S/ facture registres et fournitures de bureau, fr. , ...	70	»
		———— Du 2. ————		
4	**Doit.**	TAVERNIER, de Lille, M/ facture audit, payable comptant. 2 hectolitres vin Bordeaux, fr.	200	»
		———— Du 3. ————		
5	**Doit.**	LÉON jeune, intérêt en M/ fav. sur S/ Cⁱᵉ, fr. . .	25	30
		———— Dudit. ————		
1	**Doit.**	VANEL et Cⁱᵉ, du Havre, S/ traite à vue payée ce jour, fr.	170	»
		———— Du 4. ————		
5	**Avoir.**	LÉON jeune, S/ versement espèces pour intérêts dus par lui, fr. . . . . 22 » Rabais convenu avec ledit, fr. 3 30	25	30

(Mod. n° 9.) **GRAND-LIVRE. Partie Simple.**

f° 1. **Doit.** VANEL et Cⁱᵉ	du Havre. **Avoir.** f° 1.
Déc. 3 S/ Tᵗᵉ à vue, fr. . . . 170 »	Déc. Iᵉʳ S/ Fʳᵉ sucre et café. 245 »
f° 2. **Doit.** DURAND	C/V. **Avoir.** f° 2.
Déc. Iᵉʳ M/ Fʳᵉ huile. Kᵒˢ 12, fr. . . . 30 »	
f° 3. **Doit.** GIRAUD	C/V. **Avoir.** f° 3.
	Déc. Iᵉʳ S/ Fʳᵉ registres, fr. . 70 »
f° 4. **Doit.** TAVERNIER	de Lille. **Avoir.** f° 4.
Déc. 2 M/ Fʳᵉ 2 hect. vin B. 200 »	
f° 5. **Doit.** LÉON jeune	de Saint-Denis. **Avoir.** f° 5.
Déc. 3 Intérêt sur un ancien C/ᵉ, fr. 25 30	Déc. 4 S/ versement espèces, fr. . . 22 » Rabais pour solde. fr. . . 3 30 } 25 30

(Mod. n° 10.)

Brouillard.

	fr.	c.
Commencé le 1er janvier 1853, destiné à noter les opérations de la Société Gros, Hugo et Cie, suiv¹ acte de société passé par-devant Me Hedleux, notaire à Paris ; fonds social . . . . f. 60,000 »		
Pour se conformer à cette condition, N/ Sr Gros verse la mise de . . . . f. 30,000 »		
Espèces. . . . . f. 12,000 »		
N° 1 à 4. — 4 Traites sur diverses places (V. Enreg¹ Effets) . . . . 7,400 »		
En 40 B/ café bbᵉˢ acceptées 4320 kᵒ 35 à 2 22 1/2. . 9,468 78		
Ustensiles, Balances, etc., acceptées 1,282 50	30,151	28
N/ Sr Hugo opère son versement ainsi :		
En 2 Tᵗᵉˢ sur Paris et Havre. . . . . 5,200 »		
En 20 B/ Banque. . . . . 20,000 »		
Espèces . . . . 4,800 »	30,000	»

—— 4 id. ——

	fr.	c.
Acheté ce jr sur connaissement une cargaison graine de lin de Riga, à destination du Havre, à bord du navire la *jeune Adèle*, capᵉ Prat. Cet achat s'est opéré par l'intermédiaire de n/ commʳᵉ Loisel, qui est chargé de sa réception. . . . . . . f. 31,500		
Il nous débite de sa commˢˢ d'achat. 315	31,815	»
Par le courrier de ce jour nous lui remettons en 6 traites suivant détail au copie de lettres . . . . f. 12,600 »		
En 19 billets de Banque. . . . . 19,000 »	31,600	»

Fᵒ 2.

—— 7 janvier. ——

	fr.	c.
N/ escomptons aujourd'hui une traite 10 février, sur Paris, Delamarre, Martin, Didier, fr. 15,000.		
N/ versons en espèces à **Dauphin endosseur** . . . f. 14,925 »		
Escompte et perte de place (intérêts 1/2 %). . . . 75 »	15,000	»

—— 10 id. ——

	fr.	c.
Vendu ce jour par l'intermédiaire de **Rochet**, courtier, 15 B/ café bourbon. . . . . f. 4,305 »		
Il nous règle comme suit :		
N° 8 Rouen, 15 février . . . . 1,500 »		
9 Havre, 15 mars. . . . . 1,800 »		
Espèces 961 95		
Sa commˢˢ 1 % retenue 43 05	4,305	»

—— 17 id. ——

	fr.	c.
Acheté ce jour à Vᵗᵉ **Lafabrègue** et **Vincent**, pour compte de Mʳˢ **Labennie et Cie**, de Rouen, quinze pièces Gros de Naples 1 à 15, 330ᵐ à 4 25. . . . . f. 1,402 50		»
Emballage compté à **Brun** et retenu n/ commˢˢ 1/2 %ᵒ 28 50	1,431	»
Fourni ce jour n/ traite sur **Labennie**, à 60 jours.		

—— 22 id. ——

	fr.	c.
Reçu de **Loisel**, suiv¹ s/ Cᵗᵉ de vente de 600 tonnes gˢˢ de lin 40 B/ B/.	40,000	»
Sur quoi nous lui redevons pour frais de débarq¹ et transport. .	108	»
Payé honoraires de commis, port de lettres et divers . . .	225	40

—— dudit. ——

Vu le départ obligé de N/ S/ **Hugo** pour New-York, n/ établissons l'inventaire, afin de lui remettre sa part de bénéfice.

(Mod. n° 11.)

Journal Général. PARTIE DOUBLE.

Folios du G. L.						
	——— 1ᵉʳ janvier 1853. ———					
	Destiné à enregistrer les opérations de la maison **Gras, Hugo et Cⁱᵉ**, de Paris, en vertu de l'acte de Société passé devant Mᵉ **Hodieux**, notᵗᵉ en c/v, lesquels se proposent l'exploitation des produits d'outremer, les opérations de banque et la commᵘⁿ d'achat.					
	Fonds social fr. 60,000 ou fr. 30,000 par chaque associé.					
7/8	Doivᵗ *les suivants* fr. 30,151 28 à n/ s/ **Gras** : Cᵗᵉ de fonds, 30,000 » / Cᵗᵉ cᵗ libre, 151 28					
2	**Caisse**, son versement en espèces..................	12,000	»			
1	**T. et Rem.** en 4 traites sur diverses places, détail au livre Enregᵗ des Effets.	7,400	»			
3	**March. Gén.** en 40 b/ café bourbon, acceptées 4208ᵏ 35 2-25 .	9,468	78			
3	**March. Gén.** (mobᵉʳ) en ustensiles acceptés par la société.	1,282	50	30,151	28	
	——— dudit. ———					
8	Doivent les suivants f. 30,000 à n/ sᵗ **Hugo** (compte de fonds)					
2	**T. et Rem.** en 2 Tᵗᵉˢ, Paris et Havre	5,200	»			
1	**Caisse** en 20 B/ de Banque	20,000	»			
1	**Id.** la remise en espèces	4,800	»	30,000	»	
	——— 4 id. ———					
3/9	Doivᵗ **March. Gén.** fr. 31,815 à **Loisel** du Havre. Son achat sur connaissement et suivant n/ autorisation d'une cargaison de 600 T/ graines de lin à bord du navire la jeune Adèle, capᵉ Prat, à destination du Havre, y compris sa commission d'Achat.	31,815	»	31,815	»	
	——— dudit. ———					
9	Doit **Loisel** du Havre fr. 31,600 à divers.					
2	A **T. et Rem.** n/ envoi de 6 traites à Loisel, suiv/ détail.	12,600	»			
1	A **Caisse** n/ envoi en 19 B/ Banque	19,000	»	31,600	»	
	——— 7 id. ———					
2	Doivᵗ **T. et Rem.** fr. 15,000 à divers Escᵗᵉ d'1 Tᵗᵉ s/ Paris.					
1	A **Caisse** espèces comptées à **Dauphin** endosseur	14,925	»			
4	A **Prof. et Pertes.** Intérêt et commᵒⁿ 1/2 %.	75	»	15,000	»	

Fᵒ 2.

Folios du G. L.						
	——— 10 janvier 1853. ———					
3	Doivᵗ divers f. 4,305 à **March. Gén.** Vente de 15 sacs café,					
2	**T. et Rem.** le payement de Rochet, 2 Tᵗˢ Rouen	3,300	»			
1	**Caisse** id. en espèces	961	95			
4	**Prof. et Pertes**, commᵐᵉ retenue par Rochet	43	05	4,305	»	
	——— 17 id. ———					
10	Doivᵗ **Labennie et Cⁱᵉ** fr. 1,431 à divers. Achat pʳ L/ Cⁱᵉ à Vᵉ Lafabrègue et Vincent, de Lyon, de 15 pᶜᵉˢ Gros de Naples.					
5	A **Effets à Payer**. N/ billet remis à Vᵉ Lafabrègue, 20 mars	1,402	50			
1	A **Caisse**, nos débours d'emballage.	7	50			
4	A **Prof. et Pertes**, N/ commᵐᵉ 2 %.	21	»	1,431	»	
	——— dudit. ———					
2/10	Doivent **T. et Rem.** fr. 1,431 à **Labennie et Cⁱᵉ**. N/ Tᵗᵉ sur eux à 60 jours au 17 mars pⁱⁿ	»	»	1,431	»	
	——— 22 id. ———					
	Doivent *Divers*, fr. 79,477 40 à *Divers*.					
9	**Loisel** net produit à la vente 600 tonnes graines de lin de Riga, fr.	39,232	»			
1	**Caisse**, L/ remise de Loisel par ce courrier.	40,000	»			
4	**Prof. et Pertes**, Honoraire à n/ commis et frais div..	225	40			
3	A **March. Gén.**, vente de Loisel.	»	»	39,232	»	
9	A **Loisel**, S/ rem. espèces	»	»	40,000	»	
1	A **Caisse**, frais d'employés, etc.	»	»	225	40	

(Mod. n° 12.)

GRAND
PARTIE

f° 1   Doit — Caisse. — **Avoir.**

1853		Doit								Avoir			
janv	1	Par n/ s' Gras	1	7	12000	»	janv	4	Par Loisel	1	0	10000	»
»	»	id. Hugo	1	8	20000	»	»	10	» C' et Rem..	f	2	14920	»
»	10	id. March. gén	1	3	4800	»	»	17	» Brun amb'	2	»	7	50
»	22	id. Loisel	1	9	961	95	»	28	» Frais d'emplo.	2	»	225	40
»	»	id. id.	2	9	40000	»	»	31	Balance pr solde	»	»	43004	05
					77761	95						77761	05

f° 2   Doivent — Traites et Remises. — **Avoir.**

janv	1	Par n/ s' Gras	1	7	7400	»	janv	7	Par Loisel	1	9	12000	»
»	1	id. Hugo	1	8	5200	»			Balance de sortie	»	»	10731	»
»	10	Par marc. g. et Nég	»	»	18300	»							
»	17	» n/ T'° Labennie	2	10	1431	»							
					32331	»						32331	»
»	31	Balance d'entrée	»	»	10731	»							

f° 3   Doivent — March. Gén. — **Avoir.**

janv	1	Par n/ s' Gras	1	7	9468	78	janv	10	Par divers	1	»	4305	»
»	»	id. Ustensiles	1	7	1282	50	»	22	» Loisel	2	9	30232	»
»	4	id. Loisel	1	0	31815	»							
»	31	Balance de sortie et prof. et pertes	»	»	070	72							
					43537	»						43537	»

f° 4   Doivent — Profits et Pertes. — **Avoir.**

janv	22	Par march. gén.	2	3	43	05	janv	7	Par T'" et Remises	1	2	75	»
»	»	» caisse hon. n/ com.	2	1	225	40	»	17	» Labennie	2	10	21	»
»	»	» Balance pr solde	»	»	796	27			Excédant du c'° marc. gén.			070	72
					1066	72						1066	72
									Balance de sortie.				
									Ustensiles en mag"			708	27
												1262	50
									28 B/ café en mag"			5017	89
							févr.	1	Inventaire, b"" net			7098	00

f° 5   Doivent — Billets à Payer. — **Avoir.**

janv							janv	1	20 mars	2	10	1402	80

LIVRE.
DOUBLE.

f° 6   Doit — N/ S' Gras (C'° C' Libre.) — **Avoir.**

1853 janv						1845 janv	1	Supplém' de sa mise	1	151	25

f° 7   Doit — N/ S' Gras (C'° de Fonds.) — **Avoir.**

janv						janv	1	Son versem' fonds	1	30000	»

f° 8   Doit — N/ S' Hugo (C'° de Fonds.) — **Avoir.**

janv						janv	1	Son versem' fonds	1	30000	»

f° 9   Doit — M' Loisel, Comm'" au Havre. — **Avoir.**

janv	4	Par divers	1	»	31600	»	janv	4	Par march. gén.	1	3	31815	»
»	22	» March. gén.	2	3	30232	»	»	22	» Caisse	2	1	40000	»
»	31	Balance pr solde	»	»	083	»						71815	»
					71815	»			Crédit à nouveau.			083	»

f° 10   Doivent — M' Labennie et C'° de Rouen. — **Avoir.**

janv	17	N/ f'° de ce jour	2	3	1431	»	janv	31	Par n/ m'" 17 mars	2	2	1431	»

f° 11   Doivent March. de C'° en participation avec Laurent et M. — Avoir.

Laurent, 1/3	Marcel, 1/4	Les Mises ci-dessus comprenant notre part	Laurent, 1/3	Marcel, 1/4	Les Mises ci-dessus comprenant notre part

(Mod n° 13.)

BALANCES

De Vérification.					Des Exoédants.				
Doit.			Avoir.		Doit.			Avoir.	
77761	95	Caisse	34157	90	43604	03	Caisse		
32331	»	T. et Rem.	12600	»	19731	»	T. et Remises		
42566	28	March. gén.	43537	»	5917	89	March. gén.		
		Comptes divers.			1282	50	Ustensiles.		
70832	»	Loisel	71815	»			*Comptes divers.*		
1431	»	Labennie	1431	»			Loisel	983	»
»	»	N/ Sr Gras.	30151	28			Gras	30151	28
»	»	» Hugo	30000	»			Hugo	30000	»
268	45	Prof. et Pertes	96	«			Prof. et Pertes. . . .	7998	66
»	»	Effets à payer.	1402	50			Effets à payer.	1402	50
225190	68		225190	68	70535	44		70535	44

(Mod. n° 14.)

INVENTAIRE FINAL présentant l'Actif et le Passif de Mrs GRAS et HUGO.

L'Epoque du 31 janvier 1853.

ACTIF.			PASSIF.		
En caisse.	43604	05	En 1 B/ à payer au 21 mars	1402	50
En portefeuille	19731	»			
En marchandises	5917	89	*Comptes divers :*		
En ustensiles	1282	50	Loisel. . . . . 983 »		
Comptes divers	»	»	N/ Sr Gras Cie de fonds C^t libre et. 30131 28	61134	28
			N/ Sr Hugo. . . . . . . 30000 »		
			Capital N/ C^{tes} de fonds . . . 60000 »		
			Bénéfice net.	7998	66
			(N/ moitié chacun 3999 33		
	70535	44		70535	44

(Mod. n° 15.)

Marchandises Générales.

ENTRÉES.

1853					SORTIES.

1853 Janvier. 1	40 B/ Café bbon en mag^in. Provenant de la mise de fonds de N/ Sr Gras. N°s 1 à 10 k^os 1,055 » — 11 à 20 — 1,034 35 — 21 à 30 — 1,036 » — 31 à 40 — 1,065 » k^os 4,220 35 ———— Taro 12 » 4,208 35 à 2 25	8468 78

SORTIES.

1853 Janvier. 10	15 B/ vendues par l'intermédiaire de N/ Courtier. N°s 1 à 10 k^os 1,055 » — 11 à 15 — 492 5 k^os 1,547 5 ————Taro 10 » k^os 1,537 5 280 °/o	4305 »

(Mod. n° 16.)

Caisse.

DOIT.

1853		Désignation		
Janvier.	1	Versem^t espèces de N/ Sr Gras.	12000	»
»	»	Id. billets banque de N/ Sr Hugo.	20000	»
»	»	Id. espèces du N/ Sr Hugo.	4800	»
»	10	Espèces reçues de Rochet courtier.	961	95
»	22	La remise de Loisel, du Havre (40 B/ banque).	40000	»
			77761	**95**

AVOIR.

1853		Désignation		
Janvier.	7	Envoi à Louis, du Havre (10 B/ banque)	19000	»
»	»	Compté à Dauphin, nég^t.	14925	»
»	17	Payé à Brun, pour emballage.	7	50
»	22	Frais d'employés et ports de lettres.	225	40
		Balance pour solde,	43604	05
			77761	**95**

(Mod. n° 17.)

Enregistrement des Effets en Portefeuille.

TRAITES. / ET REMISES.

ENTRÉE.

N^os	1853		Désignation	1853				
1	Janvie	1	Mandat souscrit	Janvier	4	Bruno.	O/ Cotton.	S/ Blanc.
2	»	»	Billet	Août.	10	Boudet.	O/ Sand.	S/ Boudin.
3	»	»	Traite	Sept^bre	10	Gros.	O/ Lemyr.	S/ Léon.
4	»	»	Billet	Août.	15	Chevet.	O/ Maille.	S/ Chevet.
5	»	»	Traite	Sept^bre	25	Folliet.	O/ Garcin.	S/ Dubuc.
6	»	»	Idem	Octobre	10	Louis.	O/ Remy.	S/ Barban.
7	»	7	Idem	Déc^bre	20	Dubois.	O/ Dury.	S/ Guillot.

SORTIE.

	1853			1853			
Versailles	Févr^er	15	519	Janv^er	7	à Loisel	510 »
Paris	Mars	10	845	»	»	id.	845 »
Lille	Févr^er	10	4,000	»	»	id.	4,000 »
Paris	Avril	20	2,045	»	»	id.	2,045 »
Havre	Mars	10	3,200	»	»	id.	3,200 »
Paris	Févr^er	20	2,000	»	»	id.	2,000 »
Paris	Id	10	15,000	»			

(Mod. n° 18.)

Modèles de Comptes Courants et d'Intérêts. (*Marche Progressive et Marche Rétrograde.*)

Doivent MM. GUÉRIN et BEAU, de Vienne, L/ C/ C/ et d'Intérêts à **6** °/. l'an, arrêté chez GRAS et HUGO, au **30** avril **1853**. Avoir.

Marche Progressive.

Dates.		Sommes.			Échéances.	jour^s	Nombres
1853 Janvier	15	3,000	»	N/ remise Marseille	10 février	79	2370
Février	19	1,342	»	» Toulon	12 mars	40	657
Mars	20	1,910	»	N/ envoi de ce jour	30 avril	époq	»
Id.	25	800	»	Le T^te o/ Pujol	25 mars	36	288
				Nombre rouge 200 du crédit			200
				Balance des nombres .			1411
		741	50	Balance pour solde . . .			4926
		7,793	50				

Dates.		Sommes.			Échéances.	jour^s	Nombres
1852 déc^bre	31	1,818	»	Solde du compte précédent .	31 décembre	120	2181
1853 janvier	10	2,000	»	Ma t^te o/ Rouland	31 janvier	80	1780
»	20	1,220	»	L/ envoi espèces	20 avril	10	122
»	31	600	»	L/ remise en 1 mandat . .	5 février	84	504
mars	10	1,132	»	L/ compte d'achat	31 mars	30	339
avril	17	1,000	»	id.	20 mai	20	rouge 200
		23	50	Int. 1411 en l/ fav^r div. 60.			
		7,793	50				4926

(Mod. n° 19.)

Marche Rétrograde.

Dates.		Sommes.			Échéances.	jour^s	Nombres
1853 Janvier	15	3,000	»	N/ remise Marseille	10 février	41	1230
Février	19	1,342	»	» Toulon	12 mars	71	982
Mars	20	1,910	»	N/ envoi de ce jour	30 avril	120	4292
Id.	25	800	»	L/ T^te o/ Pujol	25 mars	84	672
				Balance des capitaux fr. 718	30 avril	120	861
		741	50	Balance pour solde . . .			
		7,793	60				6007

Dates.		Sommes.			Échéances.	jour^s	Nombres
1852 déc^bre	31	1,818	»	Solde du compte précédent .	31 décembre	»	Époque.
1853 janvier	10	2,000	»	Ma t^te Rouland	31 janvier	31	620
»	20	1,220	»	L/ envoi espèces	20 avril	110	1342
»	31	600	»	L/ remise en 1 mandat . .	5 février	36	216
mars	10	1,132	»	L/ compte	31 mars	90	1018
avril	17	1,000	»	id	20 mai	140	1400
				Bal^ce des nombres			1411
		23	50	Intérêts en l/ faveur div. 60.			
		7,793	50				6007
		741	50	compte à nouveau.	30 avril		

S. E. O. O.

Paris, le 30 avril 1853.

GRAS et HUGO.

Abréviations usitées dans les Livres de Commerce,

F avant les sommes	Francs.	Comm^{re}	Commissio^{nnaire}
C après »	Centimes.	N/ S^r	Notre sieur.
N/ F^{re}	Notre facture.	L/ S^r	Leur sieur.
L/ F^{re}	Leur facture.	S/ Versem^t. . . .	Son versement
V^r.	Valeur.	Au C^t	Au comptant.
15 C^t	15 courant.	A 30 J.	A 30 jours.
N/ L.	Notre lettre.	C/ V.	Cette ville.
S/ L	Sa lettre.	P °/$_o$	Pour cent.
L/ L	Leur lettre.	F^o	Folio.
N/ rem.	Notre remise.	B^t.	Brut.
S/ rem.	Sa remise.	Cap^{ne}	Capitaine.
L/ rem.	Leur remise.	Bbon	Bourbon.
Comm^{on}	Commission.	C/.	Caisse.
N/ B/	Notre billet.	M/	Mètres.
S/ B/	Son billet.	L/ S^t	Livres sterling.
L/ B/	Leur billet.	N^t	Net.
N/ M^{dat}	Notre mandat.	K^o.	Kilogramme.
S/ M^{dat}	Son mandat.	H^o	Hectogramme.
L/ M^{dat}	Leur mandat.	Fl b^o	Florins banco.
N/ T^{te}	Notre traite.	B/ B/	Billet de banqu^e
S/ T^{te}	Sa traite.	O/.	Ordre ou à l'ordre.
L/ T^{te}	Leur traite.		

QUESTIONNAIRE

POUR LE MAITRE,

ou

TABLE ANALYTIQUE

De toutes les Questions traitées dans cet Ouvrage.

NOTIONS PRÉLIMINAIRES.

PREMIÈRE PARTIE.

Des Livres nécessaires à tous Commerçants.

DEUXIÈME PARTIE.

Disposition, style et rédaction des Livres principaux du Commerce.

1° *Du Brouillard.*

2° *Du Journal.*

TROISIÈME PARTIE.

—

Manière de commencer et de finir les Écritures aux livres de commerce.

1° *Inventaire d'Ouverture, ou Bilan d'Entrée.*

2° *Inventaire de fin d'année ou Bilan de Sortie.*

APPENDICE.

De quelques Comptes particuliers en certains cas.

QUATRIÈME PARTIE.

DES SOCIÉTÉS DE COMMERCE.

1° *Des Sociétés momentanées.*

Des Sociétés Commerciales proprement dites.

Dissolution d'une Société. — Compte de liquidation.

CINQUIEME PARTIE.

Des Livres Auxiliaires.

Du Livre des *COMPTES COURANTS* d'Intérêts.

RÉCAPITULATION.

GUIDE PRATIQUE DU TENEUR DE LIVRES.

Résumé des différents Genres d'opérations qui composent la Tenue des Écritures commerciales.

(SUITE DU QUESTIONNAIRE.)

NOTIONS SUPPLÉMENTAIRES.

TABLE.

PARTIE PRATIQUE.

MODÈLES DIVERS.

LIVRES AUXILIAIRES.

FIN DU QUESTIONNAIRE, DE LA TABLE ET DE L'OUVRAGE.

Paris. — Typ. de Mme Ve Dondey-Dupré, rue Saint-Louis, 46, au Marais.

www.ingramcontent.com/pod-product-compliance
Ingram Content Group UK Ltd.
Pitfield, Milton Keynes, MK11 3LW, UK
UKHW021229140726
13695UKWH00002B/847